后勤管理“521”标准体系

岗位培训手册

南方电网调峰调频发电有限公司办公室
广东鼎元双合企业管理有限责任公司 编

图书在版编目（CIP）数据

后勤管理“521”标准体系. 2, 岗位培训手册 / 南方电网调峰调频发电有限公司办公室，广东鼎元双合企业管理有限责任公司编. — 广州 ：南方日报出版社，2020.12

ISBN 978-7-5491-2292-9

Ⅰ. ①后… Ⅱ. ①南… ②广… Ⅲ. ①企业管理－后勤管理－标准化 Ⅳ. ①F272.9-65

中国版本图书馆 CIP 数据核字(2020)第 226376 号

GANGWEI PEIXUN SHOUCE

岗位培训手册

编　　者：南方电网调峰调频发电有限公司办公室
　　　　　广东鼎元双合企业管理有限责任公司
出版发行：南方日报出版社
地　　址：广州市广州大道中 289 号
出 版 人：周山丹
责任编辑：巫殷昕　吴俊贤
装帧设计：邓晓童
责任技编：王　兰
责任校对：裴晓倩　肖　颖
经　　销：全国新华书店
印　　刷：广东信源彩色印务有限公司
开　　本：787mm×1092mm　1/16
总 印 张：21.5
总 字 数：300 千字
版　　次：2020 年 12 月第 1 版
印　　次：2020 年 12 月第 1 次印刷
总 定 价：68.00 元（全 2 册）

投稿热线：(020) 87360640　　读者热线：(020) 87363865

编委会

前言

PREFACE

“后勤”一词源出希腊文 Logistikos，意为“计算的科学”，起源于军队，是后方勤务的简称。古代各国军事家对后勤已有比较深刻的认识，但用语多是对具体后勤事项的表述，如军需、粮草、委积、粮道、疗伤等。《现代汉语词典》中表述“后勤”是“指后方对前方的一切供应工作，也指机关、团体等的行政事务性工作”。人们常常习惯用“衣、食、住、行”来简单概括后勤涉及的内容，但后勤工作内容广泛而繁杂，不同企业所需的后勤服务内容大相径庭。目前，国有企业所指的后勤服务，主要泛指为确保企业工作秩序正常运转而提供的楼宇、食堂、交通、公寓等各项保障性服务，包括会务、保洁、绿化、安保、工程、食堂、公寓等服务内容。为便于理解，国有企业后勤服务简单而言就是在物业管理的基础上，增加交通、食堂、公寓等福利性质的保障服务。

现阶段国内后勤管理称不上主流专业，针对后勤管理方面的研究也比较少，多以企业自主探索为主，还未达到全面专业化管理的程度。本书所指的后勤管理“521”标准体系，以国有企业后勤管理为例，主要从三个部分、八个维度对后勤管理进行规范：一是成本管理，即规范人员配置、人员薪酬、管理成本、费用列支渠道、管理服务费用，为“5”；二是服务管理，即规范服务标准、考核标准，为“2”；三是合同管理，即建立标准合同文本，为“1”，总称为后勤管理“521”

标准体系。成本管理与合同管理是实现两个核心要素的基础。由于全国各地、各企业的后勤管理成本受限于当地行情等各种综合因素，全面推广难度较大，故不对成本与合同标准作介绍。本书的两本手册重点聚焦规范后勤服务标准，运用后勤管理与人工智能相结合的理念，解决后勤各岗位人员“做什么”“怎么做”的问题。

编者认为，国有企业后勤服务质量好坏，取决于两个核心要素，一是服务质量标准，二是服务响应速度。因此，重点关注两个层面：一是制定统一规范的服务标准，由后勤一线员工作为载体落实标准，某种程度也可将后勤一线员工视为实现后勤服务标准的人工智能；二是督促检查服务质量，由后勤管理人员做好质量监督及客户需求与意见处理；实现后勤服务扁平化管理，最大化地减少因管理链条增加造成的信息多头、服务滞后等问题；高效地处理企业员工提出的各项后勤服务需求。编写该体系《岗位操作手册》时，充分考虑后勤一线员工知识架构特点，对各岗位工作内容、工作频次、工作标准进行规范，最大特点是直观、简洁、易记，即使员工没有较高的文化基础，也可在最短时间内熟悉本职岗位工作内容与要求。编写该体系《岗位培训手册》时，以抓实培训效果为导向，结合受众感受，制定操作流程、工作业务知识，通过直观的图表、图文进行培训，促使受培人员对培训内容入心入脑，便于记忆并掌握实操。

编者

2020 年 12 月 23 日

目录
CONTENTS

四、绿化服务岗位培训手册

五、安保服务岗位培训手册

六、工程服务岗位培训手册

七、食堂服务岗位培训手册

八、公寓服务岗位培训手册

一、服务礼仪岗位培训手册

1.1 培训目标

关注重点

1. 了解上岗时礼仪礼节、仪容仪表、行为规范的要求。
2. 掌握现代服务通用礼仪并熟练运用，提高业主服务体验感。
3. 提升工作服务意识，打造良好的职业素养。
4. 掌握礼貌沟通的基本要素；提升语言沟通技巧，掌握与客户沟通的能力。
5. 塑造良好的企业形象，提升企业竞争力。

1.2 培训内容

1.2.1 服务用语

项目	内容和要求
问候	1. 在公共工作场所，见到业主应主动问候：“某某先生 / 女士，您好！”“欢迎光临！”“请坐！”“请进！”“请慢走！” 2. 声调要自然、清晰、柔和、亲切
称呼	对男性称呼“先生”，对女性称呼“女士”，对儿童称呼“小朋友”（称呼可视地区习惯使用，对业主的称呼要求体现尊重和礼貌）
礼貌用语	1. 使用礼貌语：您好、请、打扰一下、对不起、谢谢、再见等。 2. 接受别人的帮助或称赞，应及时致谢：“谢谢！”“非常感谢！”“多谢您！”“谢谢你的夸奖！” 3. 因自身原因给对方造成不便，应及时致歉：“对不起！”“真抱歉！”请求对方谅解，可说：“请您原谅！”“请您别介意！” 4. 主动提供服务时：“请问有什么可以帮您？”当为业主完成一项服务后，应主动询问对方：“请问是否还有其他事需要帮忙？” 5. 与业主道别时主动讲：“某某先生 / 女士，再见！”“欢迎您再来！”“请留步！”“请您慢走！”“请走好！” 6. 工作中原则上要求讲普通话

（续表）

项目	内容和要求
面对业主态度	1．业主到来时，须立即停止手头事项，站立问好。 2．面对业主发脾气时，应耐心忍让，友善劝解和说明，注意语气亲切；业主有过激行为时，应巧妙地化解。 3．尊重业主，与业主意见发生分歧时，不应当面争论，更不应说业主错、自己正确之类的言语。 4．与业主交谈时，应态度诚恳，耐心聆听，不轻易打断别人的话语。 5．遇到不清楚的问题时，首先向业主表示歉意，待请教他人或查阅资料后再做答复，避免使用“大约”“可能”“好像”等类似的词语。 6．对业主的咨询或投诉，须立刻停止工作，耐心倾听，认真回答，诚心帮助解决问题，不懂则礼貌说明：“我会把您的意见尽快转达相关管理人员，我们会很快联系您的。”
禁止	1．声量过高或过低。 2．口出粗话，开玩笑，污辱性的语言。 3．模仿他人语言语调和谈话。 4．以任何借口顶撞、讽刺、挖苦业主。 5．在服务工作中，对业主说“不知道”。 6．业主到来时，埋头工作或与人聊天。 7．用“喂”招呼业主。 8．与业主产生语言或肢体冲突。 9．在岗时玩手机

1.2.2 仪容仪表

项目参考图示	内容和要求	注意事项
	仪容仪表： 1. 上班按岗位统一着工装，工装干净整齐，纽扣齐全并扣好，不得衣着暴露；佩戴工牌于左胸前。 2. 工装不得将衣袖、裤子卷起；女员工穿裙装着肉色袜，不可露袜口；男员工应将衣服下摆扎在裤腰内。 3. 不得留怪异发型，不染奇异颜色；上班期间，女员工应将头发束起，不得披发，前发不遮眼，后发不过肩；男员工不得留胡须。 4. 女员工上班期间应化淡妆。 5. 上班期间，不得佩戴手镯、手链等夸张的首饰及头饰。 6. 特殊岗位须戴工作帽、口罩、手套、绝缘鞋等防护用品。 7. 每日上班前应检查仪容仪表；不得在公共场合或业主前面整理仪容仪表，应选择在工作间或卫生间等场所；规范着装后方可上岗	1. 注意个人卫生，男士坚持每天刮胡须，鼻毛不准出鼻孔。 2. 早晚要刷牙，饭后要漱口，上班前不吃异味食品及不喝含酒精的饮料。 3. 指甲要常修剪，不留长指甲，不涂有色的指甲油，手要保持清洁。 4. 经常洗澡、勤换衣服，保持身上无异味。 5. 注意休息好，充足睡眠，保持良好的精神状态，上班时不得面带倦容
	**电梯指引：** 1. 伴随客人来到电梯厅门前时，先按电梯按钮；电梯到达门打开时，可先行进入电梯，一手按开门按钮，另一手按住电梯侧门，请客人们先进；进入电梯后，按下客人要去的楼层按钮；行进中有其他人员进入，可主动询问要去几楼，帮忙按下。 2. 到达目的楼层，一手按住开门按钮，另一手并做出请出的动作，可说：“到了，您先请！”客人走出电梯后，自己立刻步出电梯，并热诚地引导行进的方向	电梯内尽可能侧身面对客人，不用寒暄

1.2.3 行为规范

项目参考图示	内容和要求	注意事项
	**走姿：** 1. 抬头、挺胸、收腹，目视前方，面带微笑，行走时双肩平稳，挺直腰杆，摆臂自然，脚步利落轻稳。 2. 工作中，行走一般靠右行，勿走中间，与业主相遇时要稍停步，侧身立于右侧，点头微笑，主动让路。 3. 与业主同时进出门（厅、楼梯、电梯）时，应注意礼让业主先行，不与业主抢道并行，有急事要超越业主，必要时应先在口头致歉“对不起”，然后再加紧步伐超越	1. 与业主相对或相向而行时不得抢道。 2. 工作场合内不得奔跑、跳跃、边走边吃东西。 3. 不得将手放入口袋，不得与他人勾肩搭背、嬉戏打闹、大声喧哗等。 4. 不得有影响业主通行、正常活动的行为举止
	**指引：** 1. 指引方向或指点位置时，手指并拢伸直，掌心向上，眼望目标，用手掌指向所指示方向，手臂微曲、低于肩部，身体向所指示方向微微前倾。 2. 应保持在业主前方二至三步的距离，步伐与业主一致。 3. 指引上楼梯时，让业主走在前；下楼梯，让业主走在后。 4. 指引乘电梯时用手按住电梯的停止键，自己后进，待业主进入后再按下某个楼层；出电梯时让业主先出，用手按住停止键，待业主出电梯后自己再出	不得用手指或使用工具指示方向
	**鞠躬：** 1. 以良好的站姿为基础，双手在身前搭好，双眼注视对方，面带微笑。 2. 鞠躬时，以臀部为轴心，将上身挺直向前倾斜，一般是15°—45°，鞠躬完之后，再恢复到标准的站姿。 3. 鞠躬的同时要问好，声音要热情、亲切	行鞠躬礼时，不得把手插在衣袋里或者背在身后

1.2.4 电话礼仪

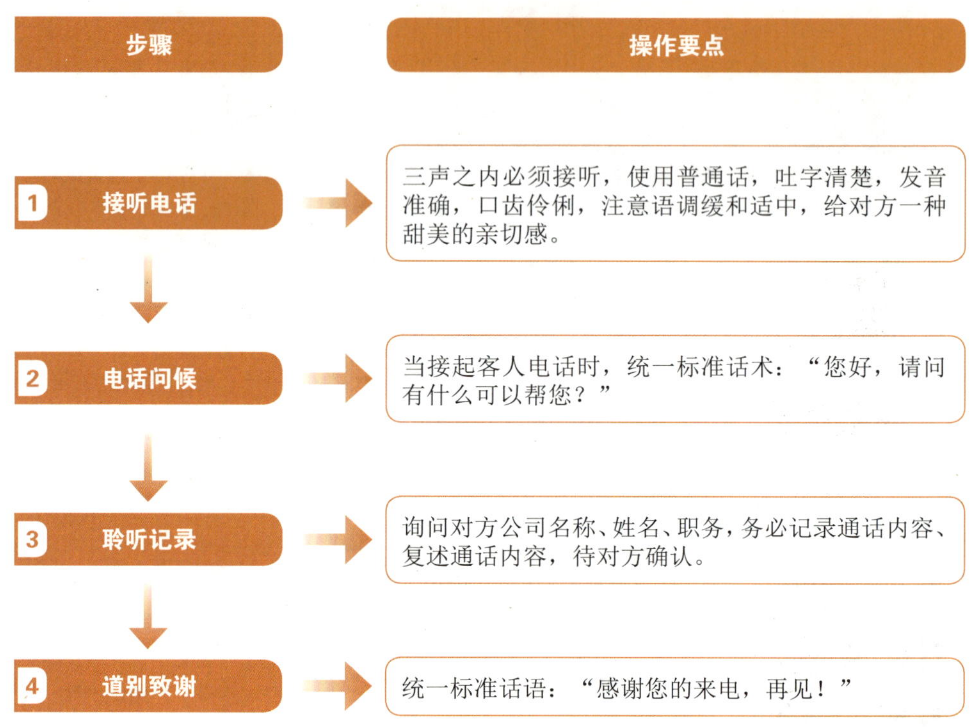

步骤	操作要点
1 接听电话	三声之内必须接听，使用普通话，吐字清楚，发音准确，口齿伶俐，注意语调缓和适中，给对方一种甜美的亲切感。
2 电话问候	当接起客人电话时，统一标准话术：“您好，请问有什么可以帮您？”
3 聆听记录	询问对方公司名称、姓名、职务，务必记录通话内容、复述通话内容，待对方确认。
4 道别致谢	统一标准话语：“感谢您的来电，再见！”

二、会议服务岗位培训手册

2.1 人员架构

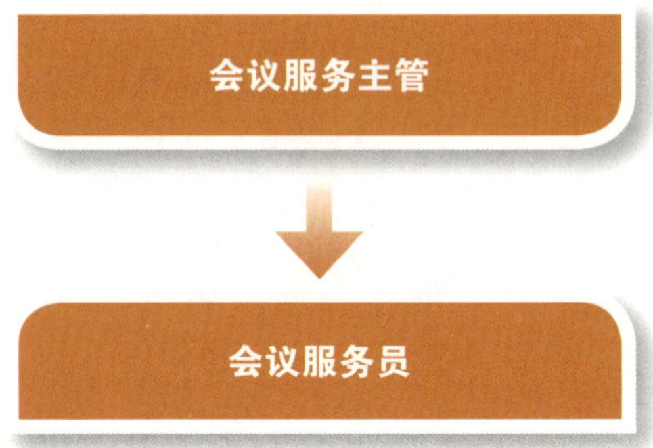

2.2 工作区域

2.3 培训内容

2.3.1 培训目标

关注重点

1. 记住本人的《岗位操作手册》内容，主要包括会议服务工作步骤和工作内容。
2. 了解并熟悉本人负责的会议区域工作流程和工作标准。
3. 了解会议服务相关业务知识。
4. 上岗时礼仪礼表、言行举止达到基本要求。
5. 了解必要工作禁忌（按需）。

2.3.2 操作流程

2.3.2.1 会议服务主管工作流程

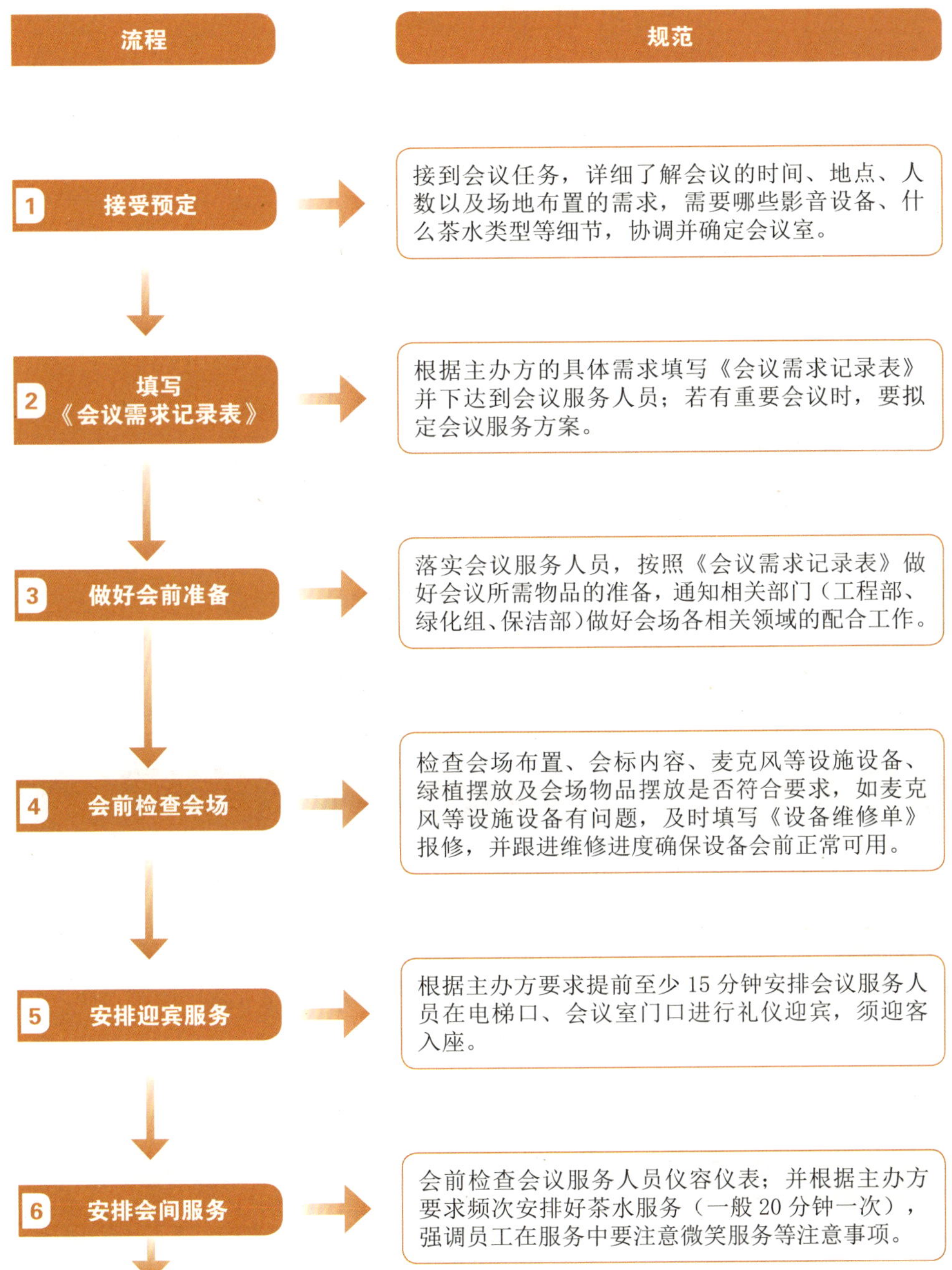

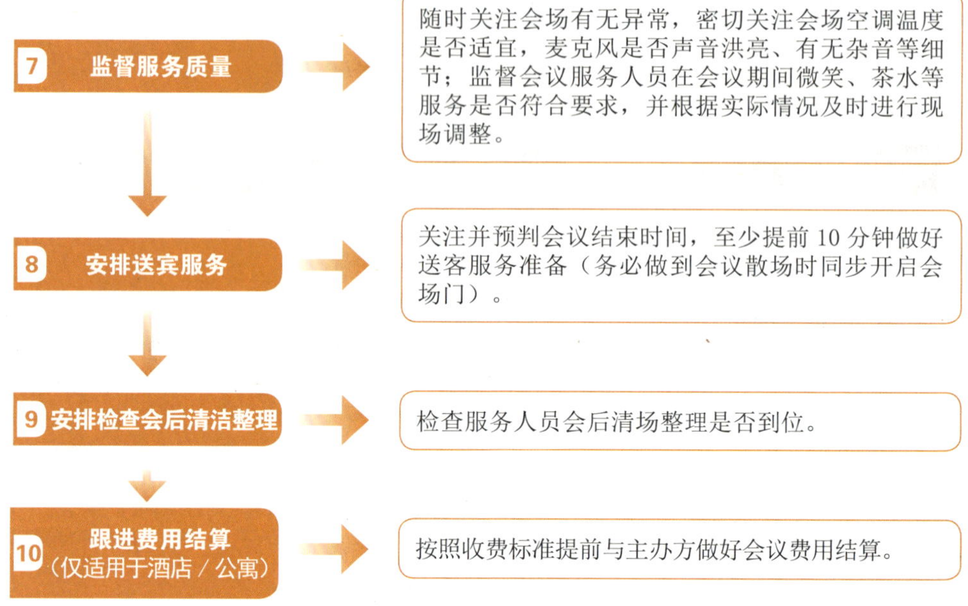

2.3.2.2 会议服务人员工作流程

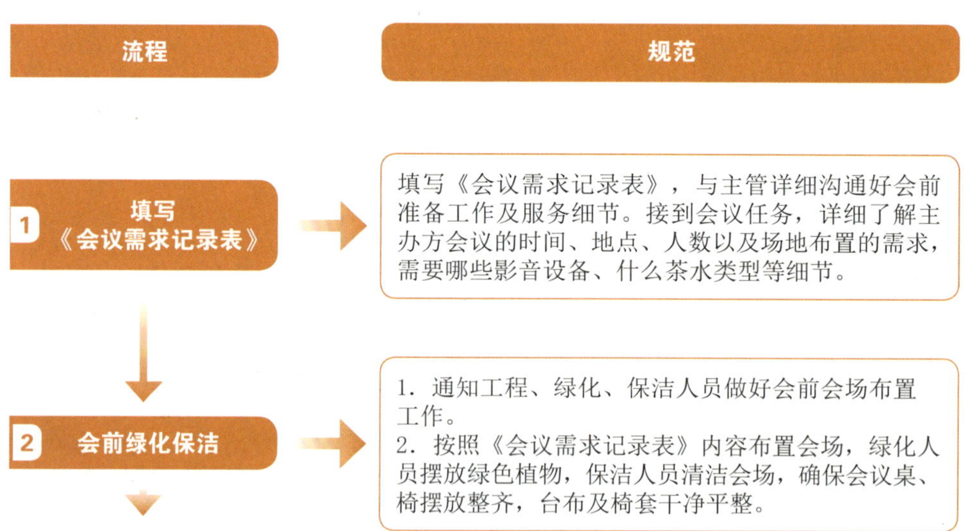

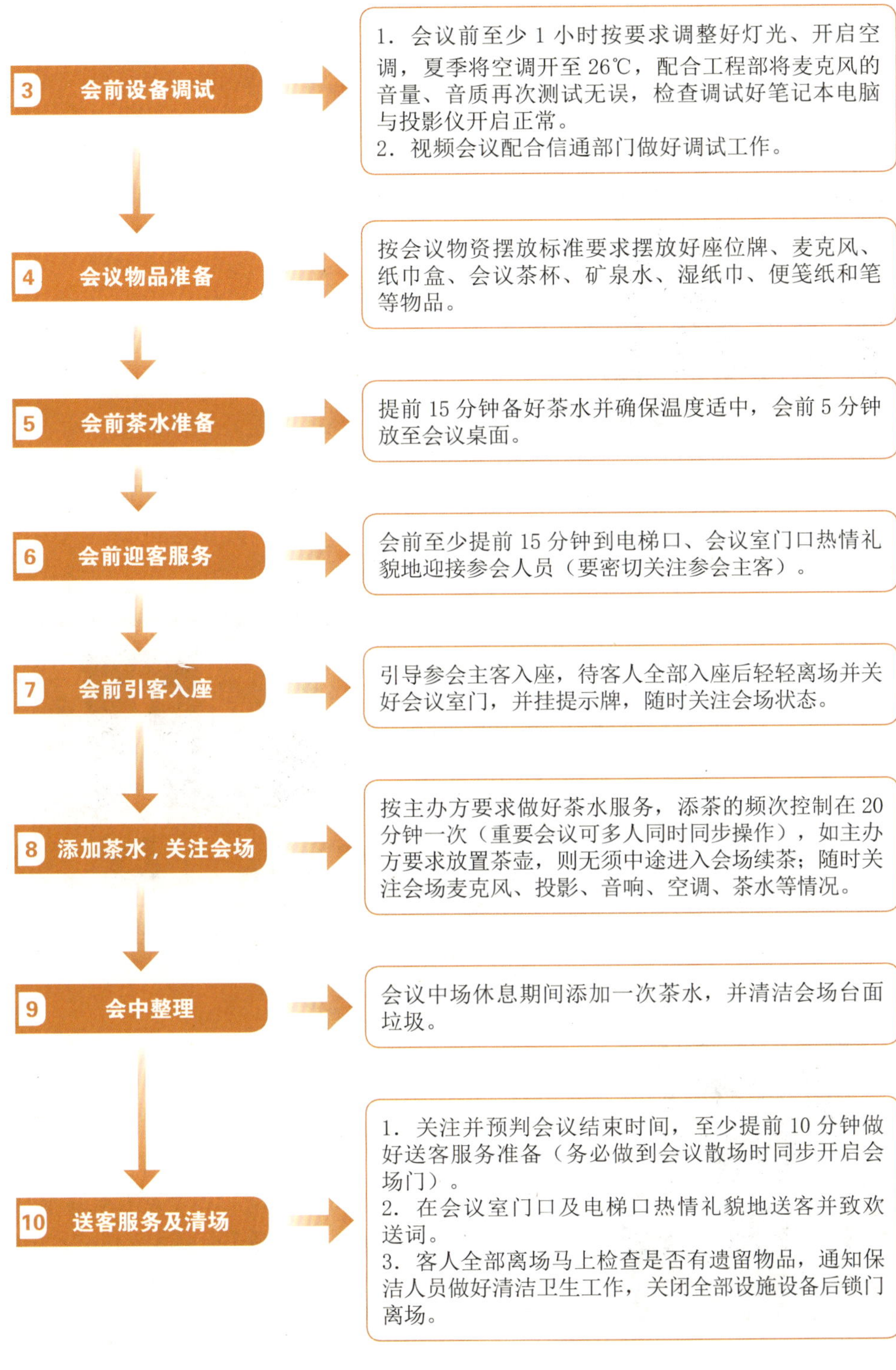
3 会前设备调试
1. 会议前至少1小时按要求调整好灯光、开启空调，夏季将空调开至26℃，配合工程部将麦克风的音量、音质再次测试无误，检查调试好笔记本电脑与投影仪开启正常。
2. 视频会议配合信通部门做好调试工作。
4 会议物品准备
按会议物资摆放标准要求摆放好座位牌、麦克风、纸巾盒、会议茶杯、矿泉水、湿纸巾、便笺纸和笔等物品。
5 会前茶水准备
提前15分钟备好茶水并确保温度适中，会前5分钟放至会议桌面。
6 会前迎客服务
会前至少提前15分钟到电梯口、会议室门口热情礼貌地迎接参会人员（要密切关注参会主客）。
7 会前引客入座
引导参会主客入座，待客人全部入座后轻轻离场并关好会议室门，并挂提示牌，随时关注会场状态。
8 添加茶水，关注会场
按主办方要求做好茶水服务，添茶的频次控制在20分钟一次（重要会议可多人同时同步操作），如主办方要求放置茶壶，则无须中途进入会场续茶；随时关注会场麦克风、投影、音响、空调、茶水等情况。
9 会中整理
会议中场休息期间添加一次茶水，并清洁会场台面垃圾。
10 送客服务及清场
1. 关注并预判会议结束时间，至少提前10分钟做好送客服务准备（务必做到会议散场时同步开启会场门）。
2. 在会议室门口及电梯口热情礼貌地送客并致欢送词。
3. 客人全部离场马上检查是否有遗留物品，通知保洁人员做好清洁卫生工作，关闭全部设施设备后锁门离场。

2.3.3 业务知识

2.3.3.1 礼仪礼节

称呼礼节：

距离客人 2 米时和客人打招呼，尊称客人的姓氏或职位头衔。

标准用语：

“× 主任，您好，这边请”/“您好”

要领：微笑、亲切

让道礼节：

距离客人 3 米的距离时让道；遇到客人时须轻点头微笑、招呼问候；过道上遇到客人时，要靠右边行走，放慢速度，侧身让客并问好；在走道拐弯处时，左拐弯要绕大弯，以免冲撞客人；两人以上行走时，应分散行走。

要领：轻点头微笑、打招呼“您好”、侧身让道

递交物品礼节：

尽量使用双手，并考虑到接物人的方便；单用右手递接较轻、较小的物品时，也应借左手扶物，以示郑重；递接小刀、剪刀等带刃物时，刃口勿朝向客人，应将手柄一方朝向客人；递交文具时应保持对方方便使用的状态，物品正面向客人递交。

要领：尽量双手递接物品

迎客礼节：

一般应走客人前方右侧，距离 1 米左右，自己走在通道里侧。拐弯时要先放慢步伐或停下来，回头打出手势说“这边请”；走到有阶梯处或有门槛处，要提醒客人“注意台阶”；客人到来之前，应保持基本站姿，点头微笑并密切注视客人动向。客人走近，主动热情问候，做到“人到、微笑到、礼貌用语到”。

要领：微笑、礼貌用语配合手势

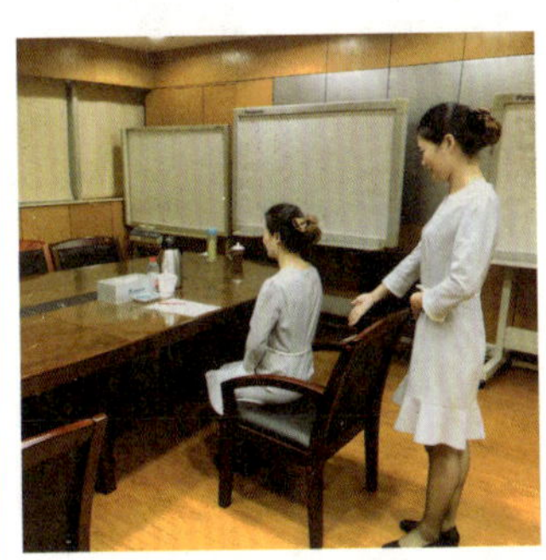

迎客入座礼节：

客人距离自己 2 米时，应主动问好，并说“您好，这边请”，同时做个“请”的手势。引导客人时，必须走在客人的右前方约 1.5 米，并根据客人的速度调整。转弯时要等待客人并做手势；若上下楼梯、台阶时，要提醒客人当心；如有老年人或行动不便者，要注意搀扶。把主客带到座位时，帮忙拉椅子，并做“请”的手势。

要领：迎客到座位，帮客人拉椅子并轻轻用膝盖推送直到客人坐好

送客礼节：

站在门口目送客人背影直至客人远去；客人离开时，使用“请慢走”的礼貌用语。电梯口送客时，要提前帮客人按好电梯，将客人送至电梯口，并站于电梯门外右侧 1.5 米处道别。

要领：微笑、礼貌用语配合手势

2.3.3.2 茶水服务

茶具准备：

茶具要求干净完整，忌用破损或花色不同的茶具；提前检查，保证茶具的干净卫生，会议用杯一般使用瓷质盖杯；瓶装矿泉水应使用统一品牌、容量，可配空玻璃杯使用。

会议茶叶的品种及冲泡方法：

1. 普洱茶：

选用飘逸杯；用 100℃的沸水冲泡，熟茶 3 秒左右即可出汤，生茶 5 秒左右出汤；可持续冲泡 10—15 次，直到汤味变淡为止。

2. 红茶：

选用飘逸杯；用 95℃左右的开水冲泡，红茶 3—5 秒即可出汤；可持续冲泡 8—10 次。

3. 绿茶：

选用飘逸杯；用 90℃左右的开水冲泡，5 秒左右即可出汤；也可将茶叶直接放入杯中浸泡。

上茶及续茶：

事先给每个座位放好茶杯，待客人坐定后就可为其加茶水。会中每隔 20 分钟续茶一次。左手持茶壶，上茶前应比手势示意，右手将水杯拿离桌面，壶嘴不碰杯口，且壶嘴距杯口 5 厘米以内。有盖的杯子，用右手中指和无名指夹住杯盖上的提钮，轻轻抬起，大拇指和食指将杯子拿起，侧对客人，在客人右后侧方，用左手持茶壶倒水，然后摆放在对方右手上方的 5—10 厘米处，有杯耳的把杯耳转至对方方便拿取的位置。不可手握杯口端茶。参会人数较多时，续水应以顺时针或逆时针方向（从主客开始）依次进行。续水结束离开时，应先后退一至两步，再转身离开会议室并轻关房门，避免发出不必要的声音。

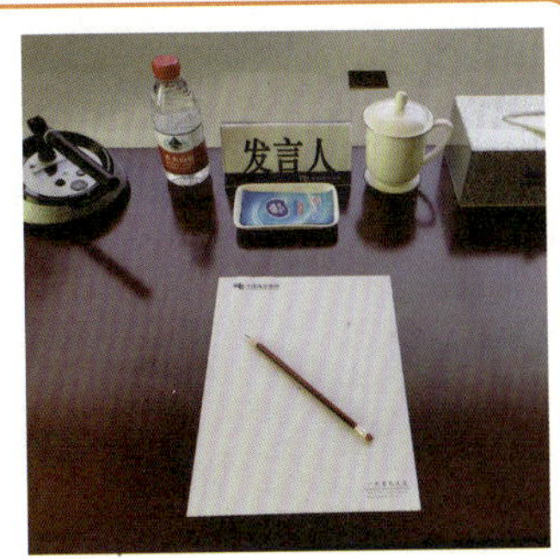

台面物品摆放标准：

1. 标准一：

（1）**座位牌**：正对宾客，主席台单双数人员参会均按照单主位摆法；单数领导居中，其次按职位高低，以左右、左右顺序摆放；双数参会，以会议桌中线为界，左侧座位是最高领导（适用于非主席台座位）。

（2）**茶杯**：座位牌右侧，放杯碟中间，杯柄朝右侧 90° 角（Logo 朝外）。

（3）**矿泉水**：座位牌左侧，标识正对宾客。

（4）**湿纸巾**：座位牌正下方。

（5）**纸**：湿纸巾正下方，座位中间，底部与桌边平行对齐。

（6）**铅笔**：标识朝上，于纸张对角线上居中摆放，笔尖指向纸张左上角。

（7）**麦克风**：一般在矿泉水左侧，摆放高度相同并斜 45° 指向宾客。

（8）**绿植**：无黄叶、无灰尘、无异味、无虫。

（9）**纸巾盒**：两名宾客座位牌之间居中摆放，须将纸巾叠成三角。

2. 标准二：

无纸巾盒、无茶水、无麦克风，湿纸巾于座位牌右侧对齐摆放，其他物品摆放标准同上。

2.3.4 其他工作要求及工作忌讳

2.3.4.1 保密要求

未经批准，员工不得向外界透露、传播或提供主办方的相关资料，任何相关文件、档案和资料不得交给无关人员。

2.3.4.2 会议资料处置

收集好会场物资（座位牌、会议材料等）后与主办方确认处置方式。

三、保洁服务岗位培训手册

3.1 人员架构

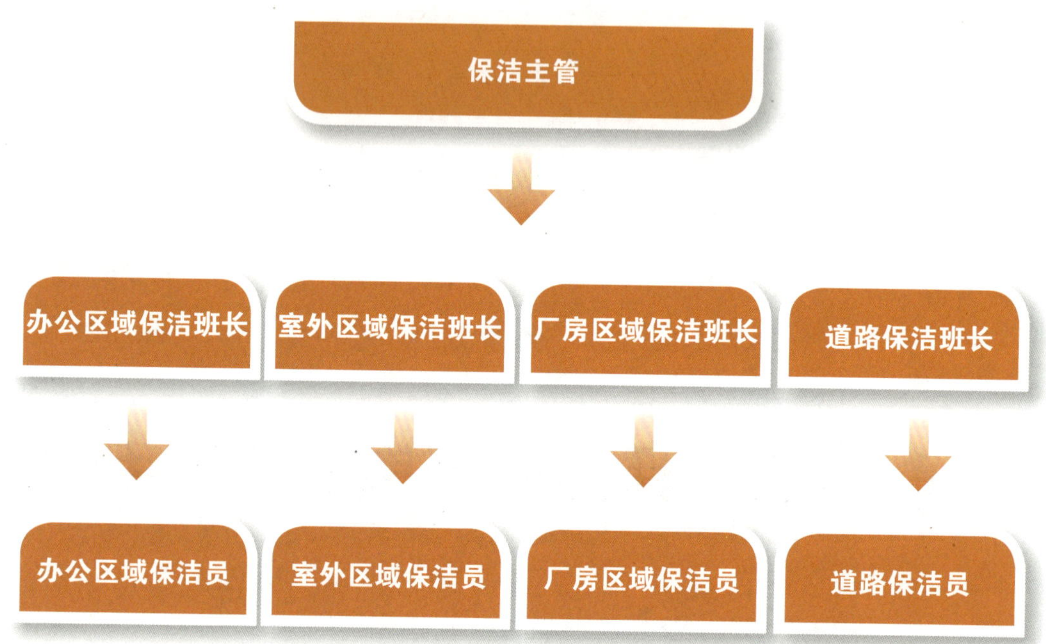

保洁主管
办公区域保洁班长
室外区域保洁班长
厂房区域保洁班长
道路保洁班长
办公区域保洁员
室外区域保洁员
厂房区域保洁员
道路保洁员

3.2 工作区域

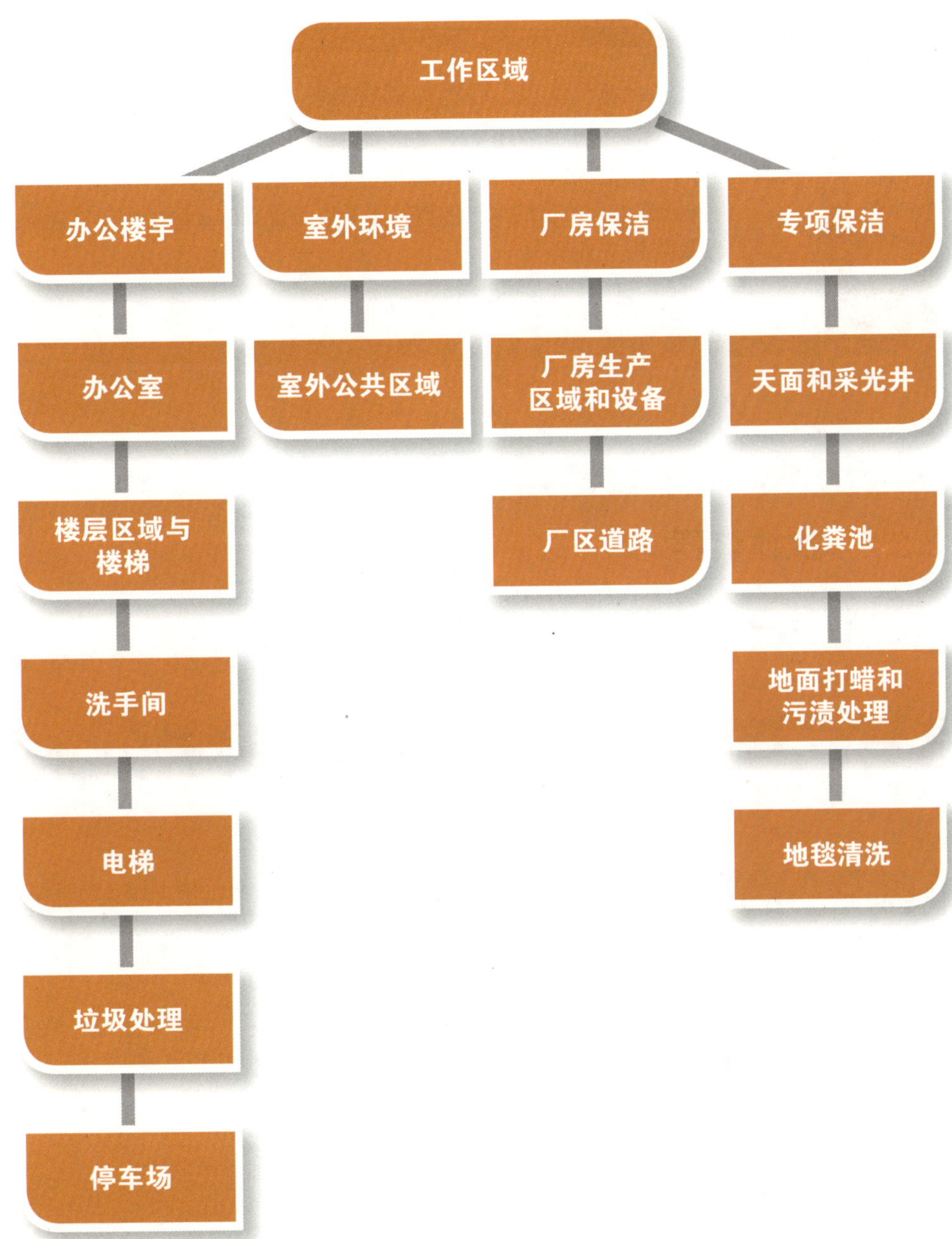

工作区域
办公楼宇
室外环境
厂房保洁
专项保洁
办公室
室外公共区域
厂房生产区域和设备
天面和采光井
楼层区域与楼梯
厂区道路
化粪池
洗手间
地面打蜡和污渍处理
电梯
地毯清洗
垃圾处理
停车场

3.3 培训内容

3.3.1 培训目标

关注重点

1. 了解上岗时礼仪礼表、行为规范的要求。
2. 记住本人的《岗位操作手册》内容，主要包括保洁工作步骤、工作内容、工作标准及禁忌事项。
3. 了解并熟悉本人负责的保洁区域的服务设备设施的正确使用方法。
4. 了解保洁相关业务知识。
5. 了解一些工作特殊要求（按需）。

3.3.2 操作流程

3.3.2.1 办公楼宇保洁流程

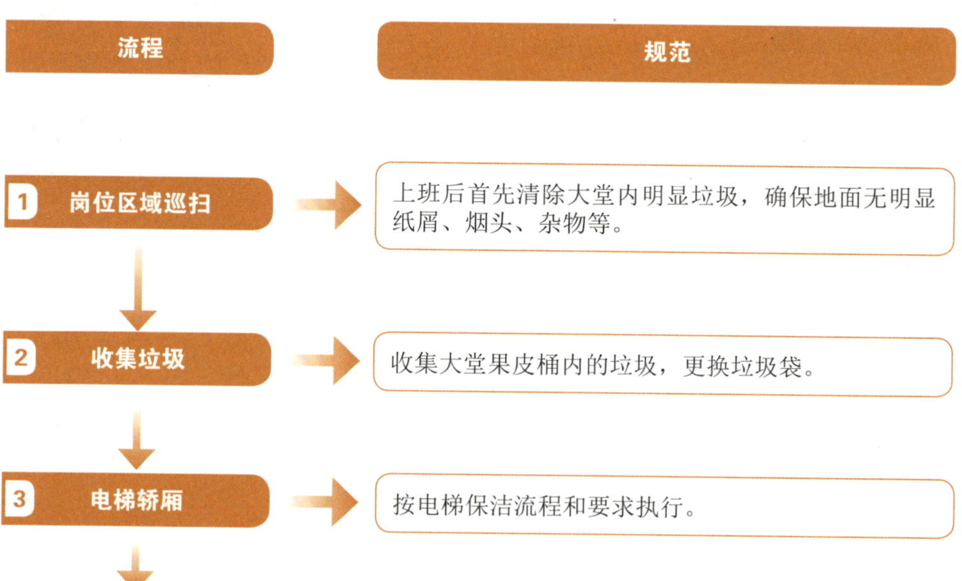

流程	规范
1 岗位区域巡扫	上班后首先清除大堂内明显垃圾，确保地面无明显纸屑、烟头、杂物等。
2 收集垃圾	收集大堂果皮桶内的垃圾，更换垃圾袋。
3 电梯轿厢	按电梯保洁流程和要求执行。

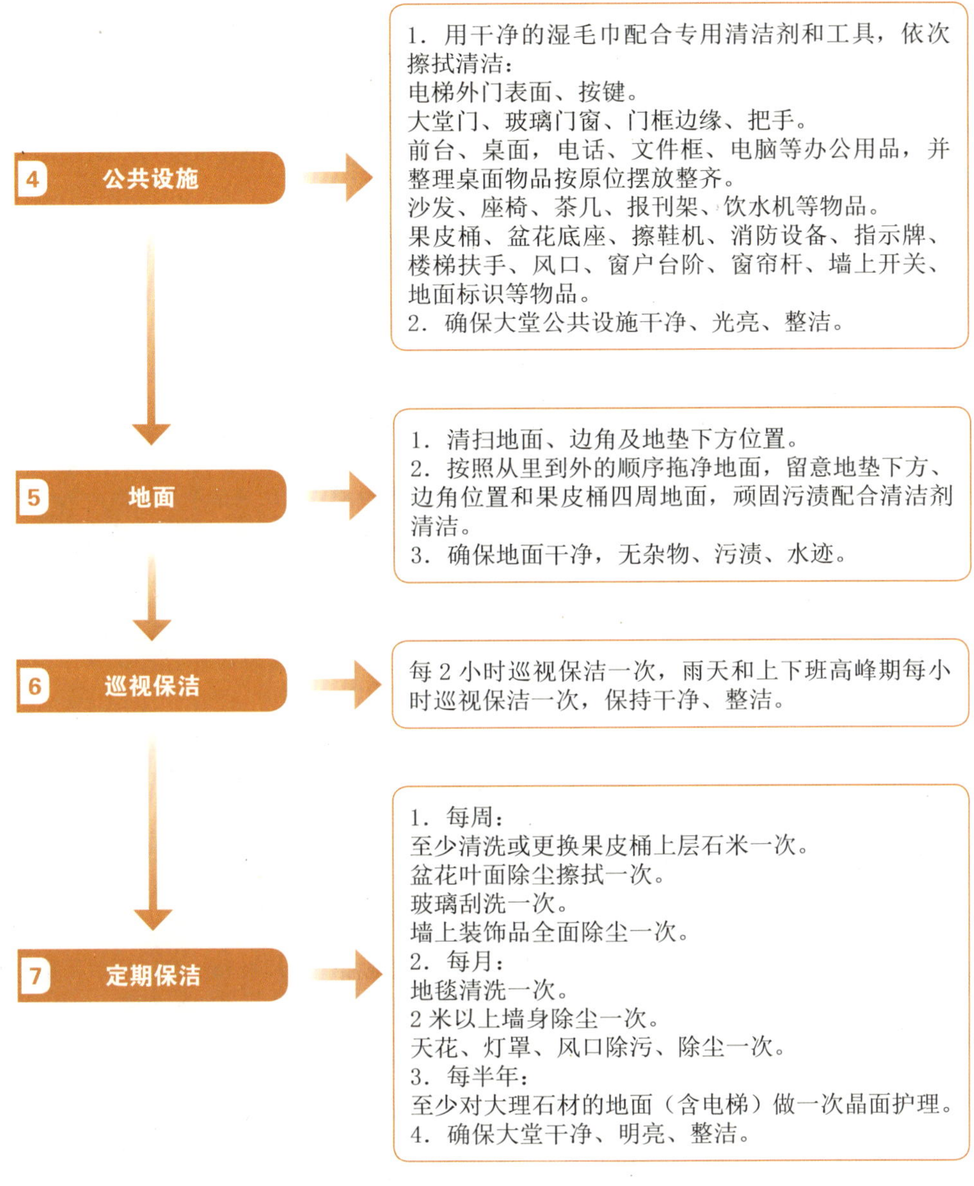

4 公共设施
1. 用干净的湿毛巾配合专用清洁剂和工具，依次擦拭清洁：
电梯外门表面、按键。
大堂门、玻璃门窗、门框边缘、把手。
前台、桌面，电话、文件框、电脑等办公用品，并整理桌面物品按原位摆放整齐。
沙发、座椅、茶几、报刊架、饮水机等物品。
果皮桶、盆花底座、擦鞋机、消防设备、指示牌、楼梯扶手、风口、窗户台阶、窗帘杆、墙上开关、地面标识等物品。
2. 确保大堂公共设施干净、光亮、整洁。
5 地面
1. 清扫地面、边角及地垫下方位置。
2. 按照从里到外的顺序拖净地面，留意地垫下方、边角位置和果皮桶四周地面，顽固污渍配合清洁剂清洁。
3. 确保地面干净，无杂物、污渍、水迹。
6 巡视保洁
每2小时巡视保洁一次，雨天和上下班高峰期每小时巡视保洁一次，保持干净、整洁。
7 定期保洁
1. 每周：
至少清洗或更换果皮桶上层石米一次。
盆花叶面除尘擦拭一次。
玻璃刮洗一次。
墙上装饰品全面除尘一次。
2. 每月：
地毯清洗一次。
2米以上墙身除尘一次。
天花、灯罩、风口除污、除尘一次。
3. 每半年：
至少对大理石材的地面（含电梯）做一次晶面护理。
4. 确保大堂干净、明亮、整洁。

3.3.2.2 办公场所保洁流程

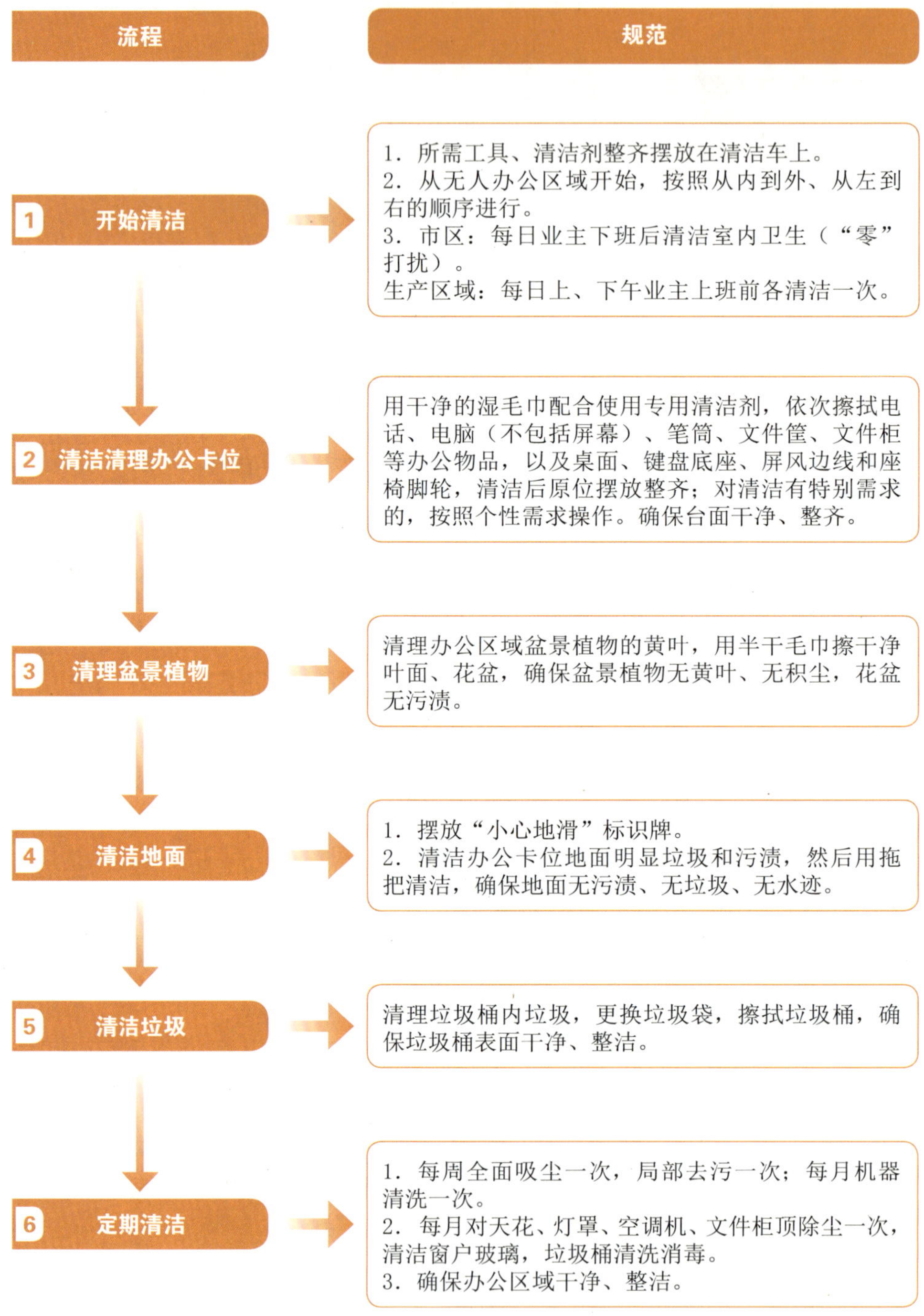

3.3.2.3 洗手间保洁流程

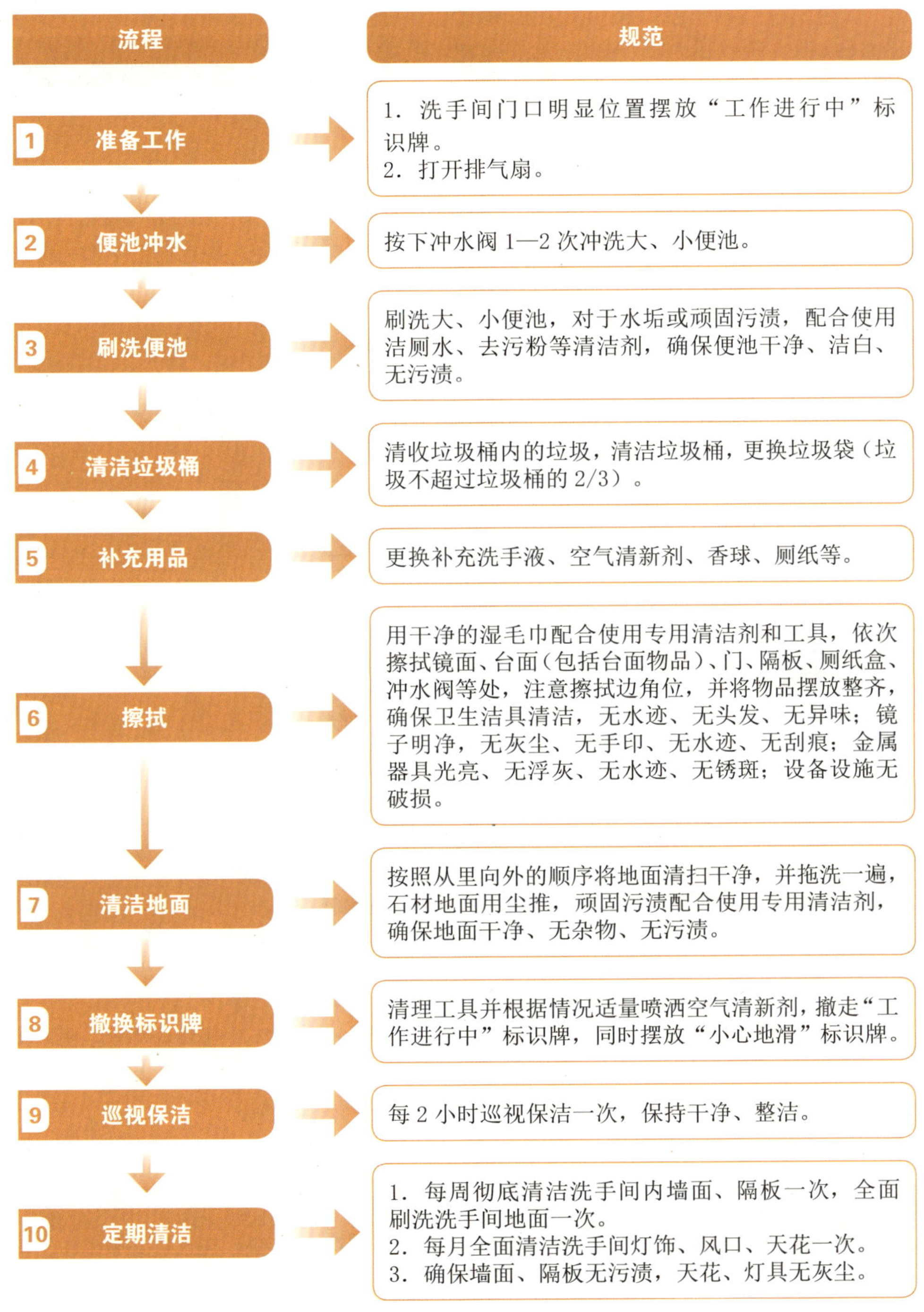

3.3.2.4 电梯保洁流程

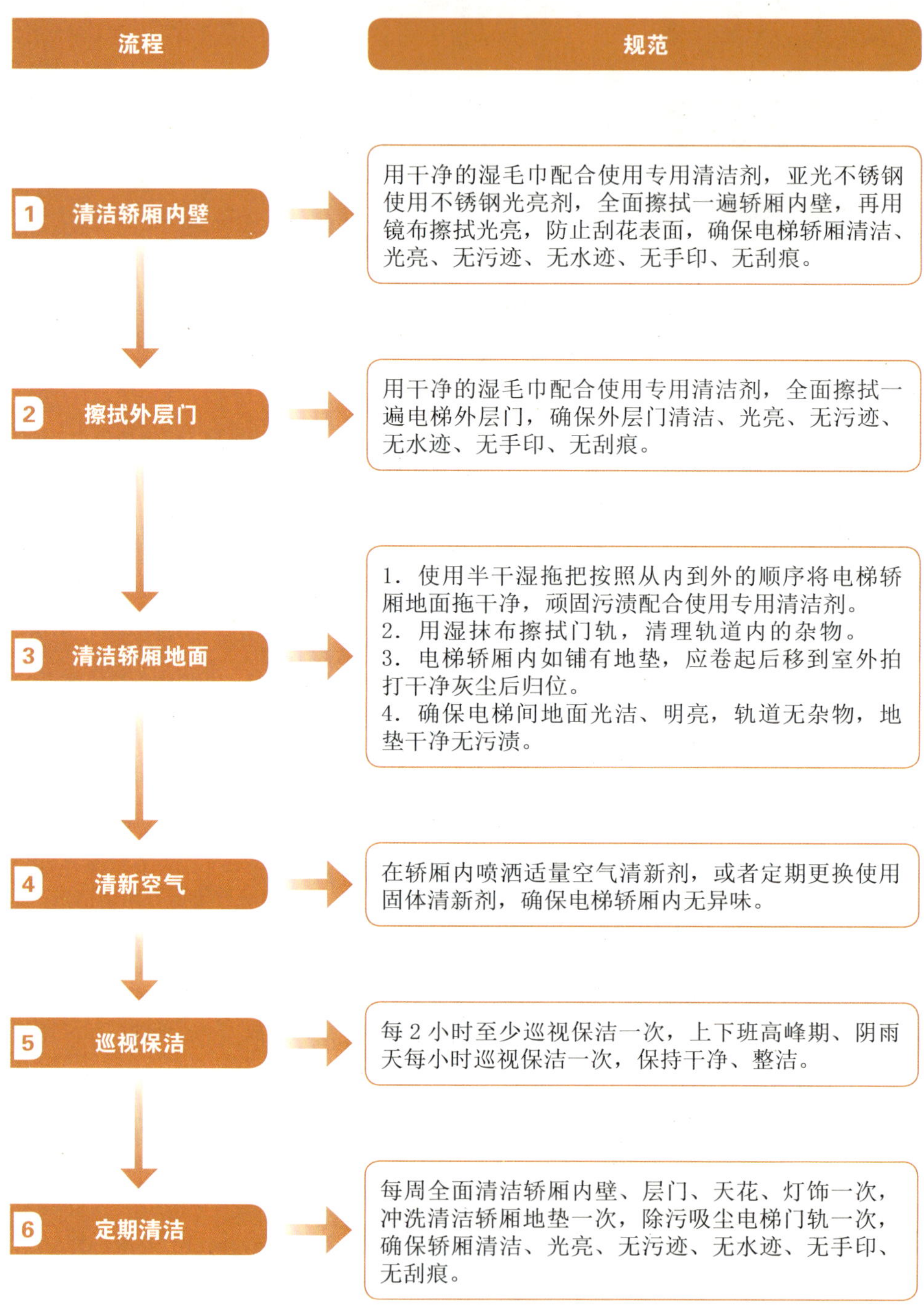

流程	规范
1 清洁轿厢内壁	用干净的湿毛巾配合使用专用清洁剂，亚光不锈钢使用不锈钢光亮剂，全面擦拭一遍轿厢内壁，再用镜布擦拭光亮，防止刮花表面，确保电梯轿厢清洁、光亮、无污迹、无水迹、无手印、无刮痕。
2 擦拭外层门	用干净的湿毛巾配合使用专用清洁剂，全面擦拭一遍电梯外层门，确保外层门清洁、光亮、无污迹、无水迹、无手印、无刮痕。
3 清洁轿厢地面	1. 使用半干湿拖把按照从内到外的顺序将电梯轿厢地面拖干净，顽固污渍配合使用专用清洁剂。 2. 用湿抹布擦拭门轨，清理轨道内的杂物。 3. 电梯轿厢内如铺有地垫，应卷起后移到室外拍打干净灰尘后归位。 4. 确保电梯间地面光洁、明亮，轨道无杂物，地垫干净无污渍。
4 清新空气	在轿厢内喷洒适量空气清新剂，或者定期更换使用固体清新剂，确保电梯轿厢内无异味。
5 巡视保洁	每 2 小时至少巡视保洁一次，上下班高峰期、阴雨天每小时巡视保洁一次，保持干净、整洁。
6 定期清洁	每周全面清洁轿厢内壁、层门、天花、灯饰一次，冲洗清洁轿厢地垫一次，除污吸尘电梯门轨一次，确保轿厢清洁、光亮、无污迹、无水迹、无手印、无刮痕。

3.3.2.5 室外公共区域保洁流程

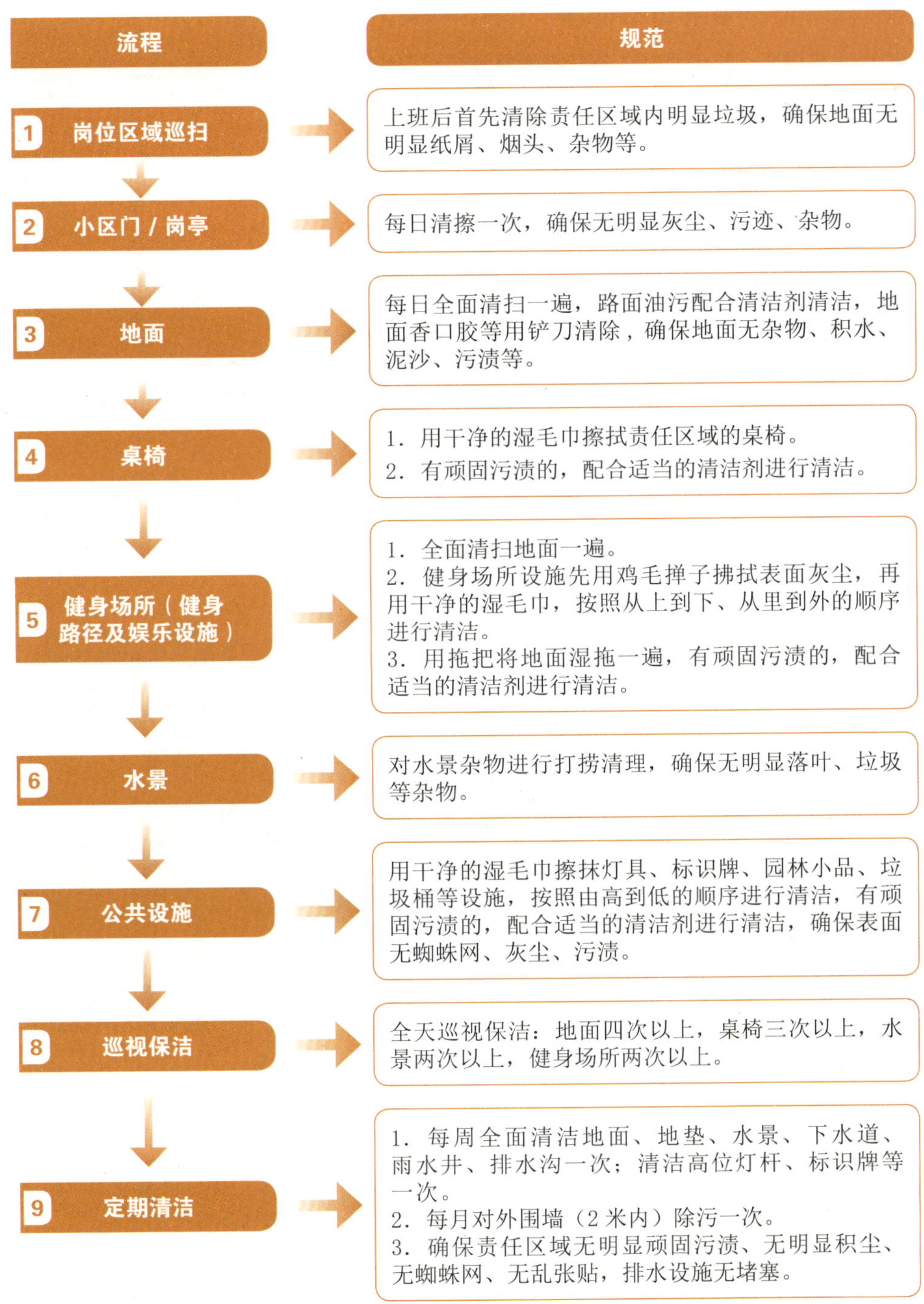

3.3.2.6 厂房保洁流程

3.3.2.6.1 生产区域设备保洁

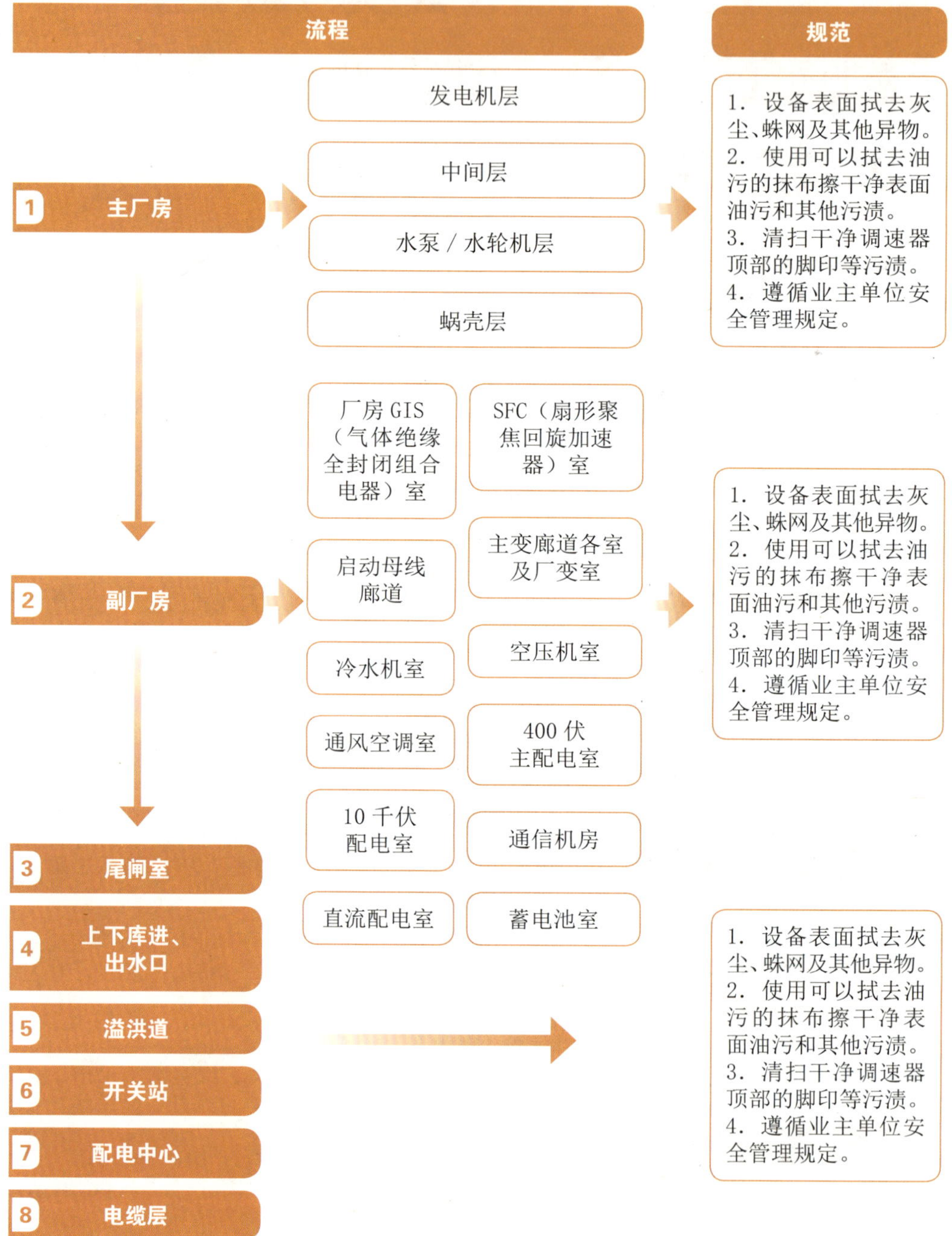

3.3.2.6.2 生产区域地面保洁

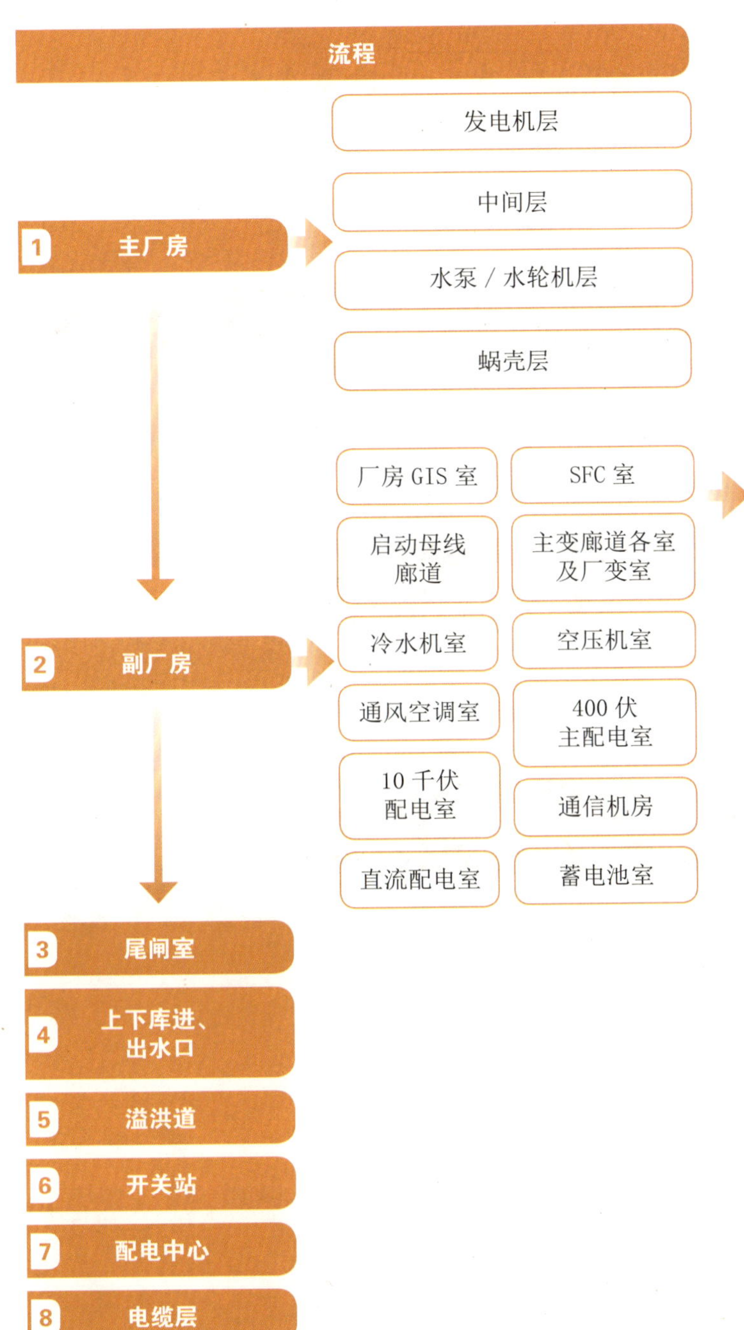

规范

1. 上班后首先清除责任区域内明显垃圾，确保地面无明显纸屑、烟头、杂物等。
2. 地面、台面、椅子清扫干净，清理走垃圾。
3. 楼梯用半干的拖把拖干净。
4. 水渍须在短时间之内自然风干，不影响行人。
5. 保持中控室地面清洁、台面整洁。
6. 保持厕所干净无异味。
7. 保持电梯干净无异味、异物。
8. 地面、楼梯清扫干净，栏杆擦拭干净，应将地面用拖把拖干净，清理走小动物尸体、昆虫尸体及其他异物。
9. 遵循业主单位安全管理规定。

3.3.2.7 保洁设备操作流程

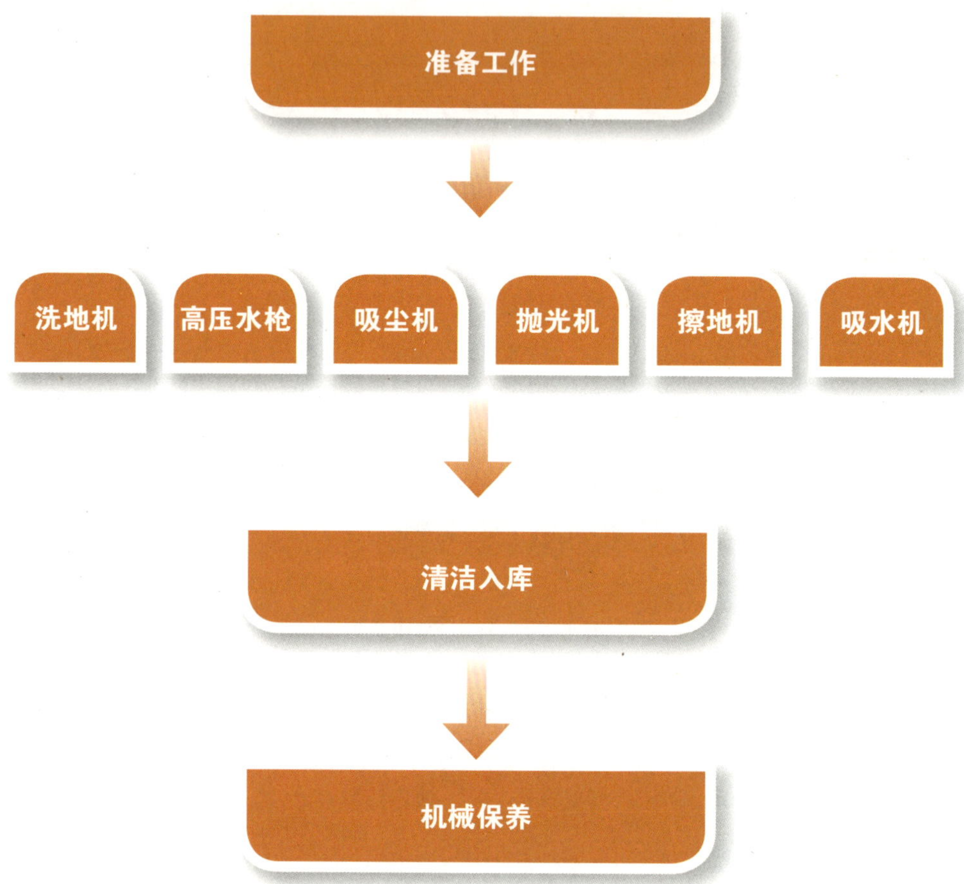

3.3.2.7.1 洗地机

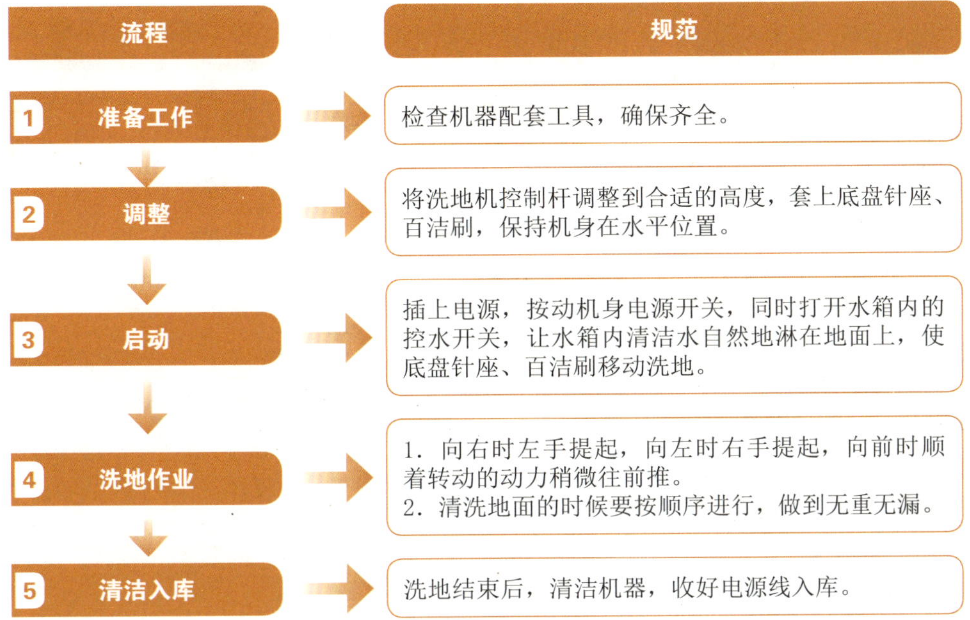

流程	规范
1 准备工作	检查机器配套工具，确保齐全。
2 调整	将洗地机控制杆调整到合适的高度，套上底盘针座、百洁刷，保持机身在水平位置。
3 启动	插上电源，按动机身电源开关，同时打开水箱内的控水开关，让水箱内清洁水自然地淋在地面上，使底盘针座、百洁刷移动洗地。
4 洗地作业	1. 向右时左手提起，向左时右手提起，向前时顺着转动的动力稍微往前推。 2. 清洗地面的时候要按顺序进行，做到无重无漏。
5 清洁入库	洗地结束后，清洁机器，收好电源线入库。

3.3.2.7.2 高压水枪

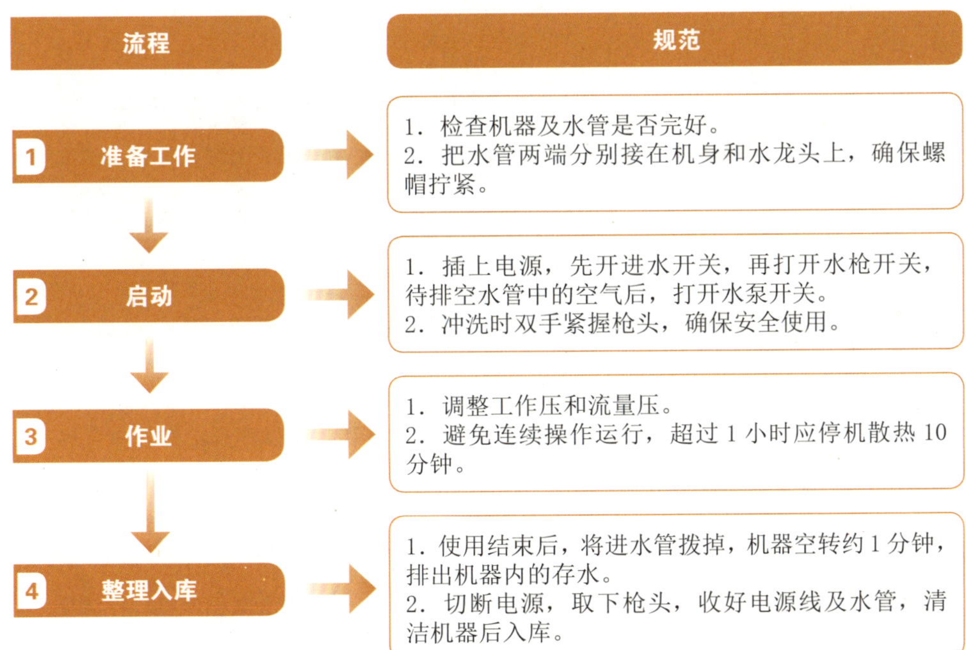

流程	规范
1 准备工作	1. 检查机器及水管是否完好。 2. 把水管两端分别接在机身和水龙头上，确保螺帽拧紧。
2 启动	1. 插上电源，先开进水开关，再打开水枪开关，待排空水管中的空气后，打开水泵开关。 2. 冲洗时双手紧握枪头，确保安全使用。
3 作业	1. 调整工作压和流量压。 2. 避免连续操作运行，超过 1 小时应停机散热 10 分钟。
4 整理入库	1. 使用结束后，将进水管拨掉，机器空转约 1 分钟，排出机器内的存水。 2. 切断电源，取下枪头，收好电源线及水管，清洁机器后入库。

3.3.2.7.3 吸尘机

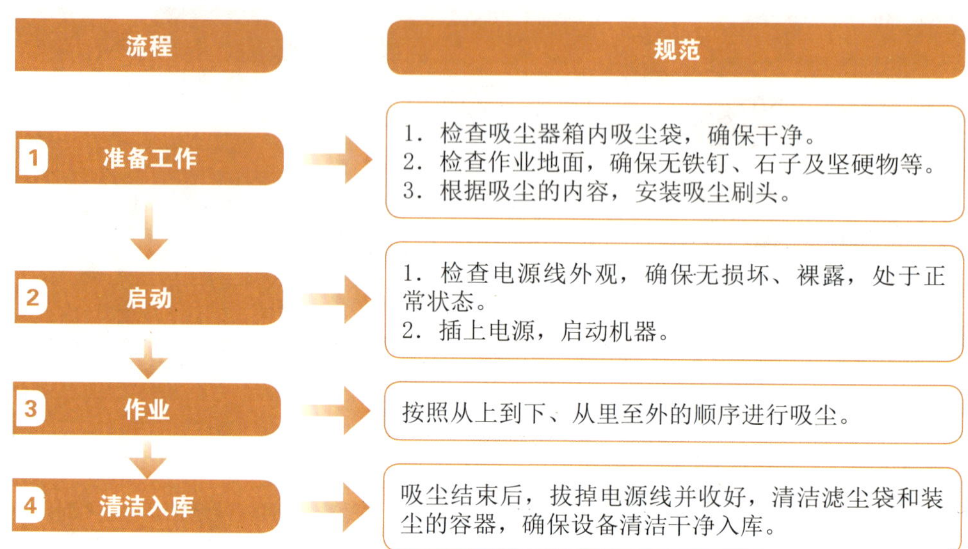

3.3.2.7.4 抛光机

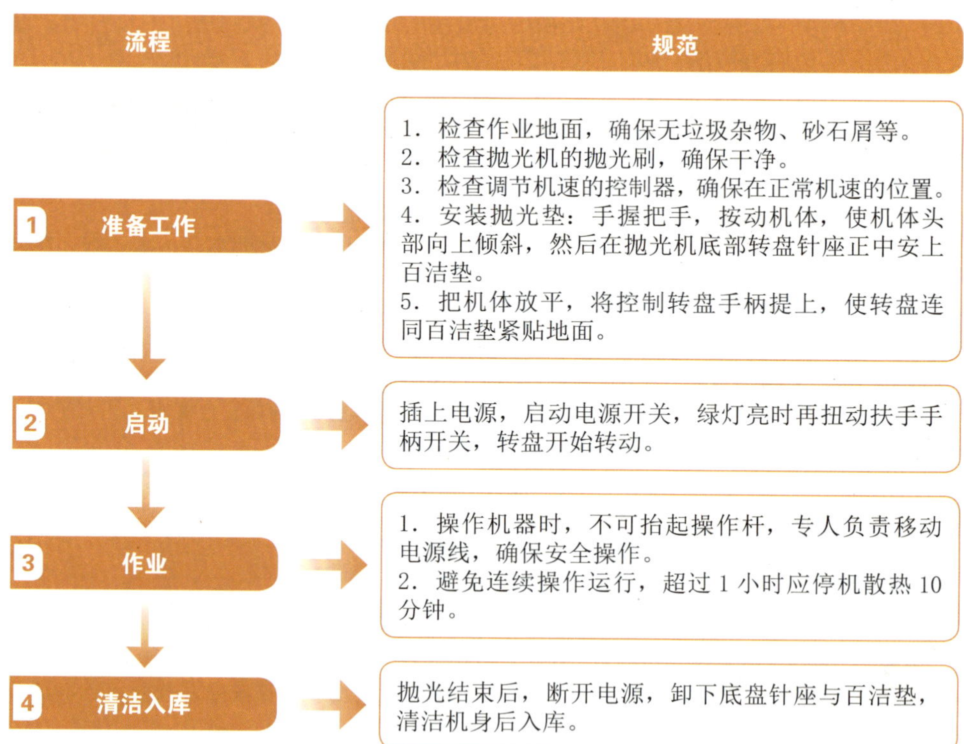

3.3.2.7.5 擦地机

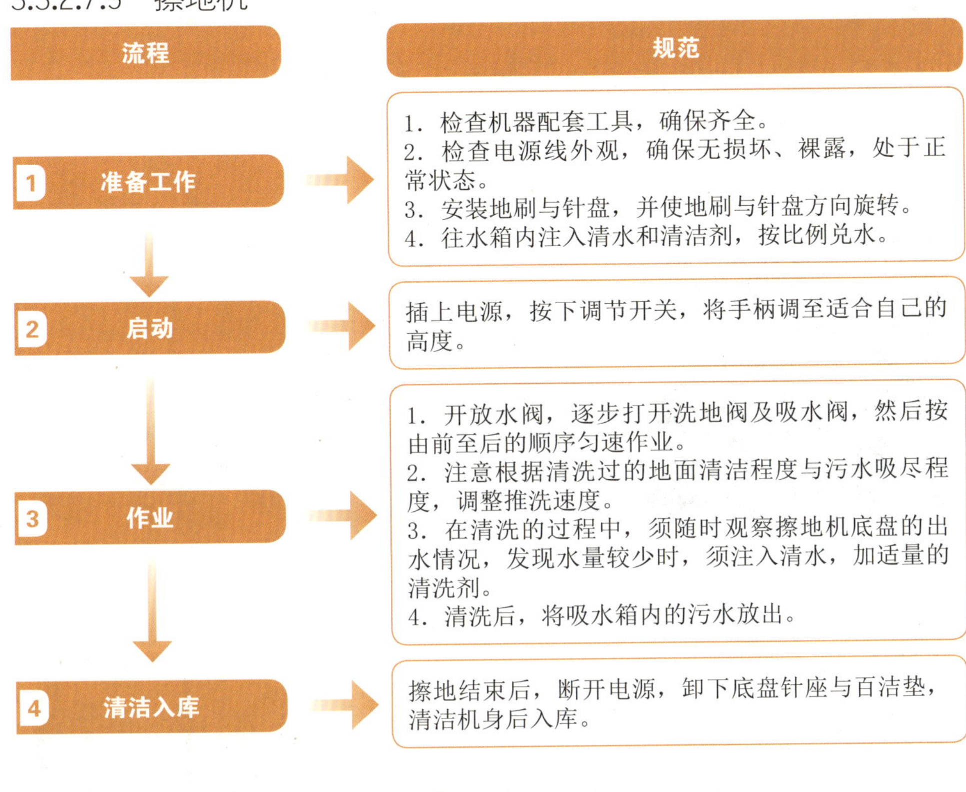

3.3.2.7.6 吸水机

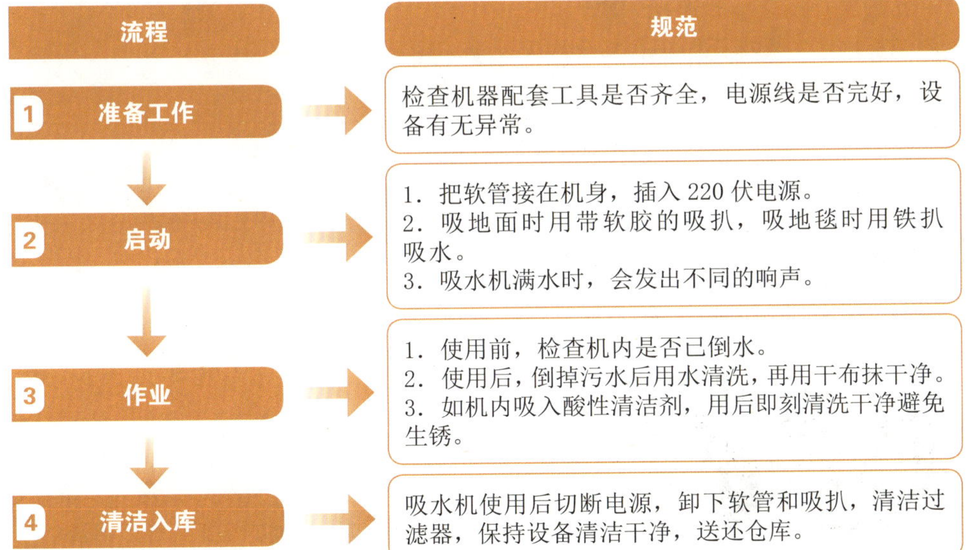

3.3.3 业务知识

3.3.3.1 各区域保洁内容、频次及标准

3.3.3.1.1 办公楼宇各区域

大堂：

清洁作业前，设置提示牌。

清洁地面、墙面、灯具、公共设施。

清理垃圾桶。

雨天、潮湿天时，放置防滑垫。

工作频次：每 2 小时巡视一次。

清洁标准：垃圾桶无垃圾，其余均无污渍、积水。

楼层：

清倒垃圾桶，更换垃圾袋。

擦拭垃圾桶。

清扫地面、墙面、门窗玻璃。

擦拭消防器材等公共设施。

工作频次：每 2 小时巡视一次。

清洁标准：垃圾桶无垃圾，其余均无污渍、积水。

办公室内区域：

清洁办公卡位。

清理盆景植物。

清洁地面、墙面、门窗玻璃、公共设施。

清倒垃圾桶。

工作频次：每 2 小时巡视一次。

清洁标准：办公设施应洁净、光亮、无污渍，垃圾桶的垃圾应随时不超过垃圾桶的 2/3 且日产日清。

公共洗手间：
清洁作业前，设置提示牌；补充用品。
打开排气扇擦拭镜面、台面、门等设备。
冲洗便池，洗刷便池，清洁地面。
清理垃圾桶。
工作频次：每 2 小时巡视一次。
清洁标准：无灰尘、无污渍、无异味。垃圾桶的垃圾应随时不超过垃圾桶的 2/3 且日产日清。

会议室：
擦拭会议桌，保证物品摆放整齐。
擦拭玻璃窗、门、椅子。
清理地毯。
工作频次：每 2 小时巡视一次。
清洁标准：会议室设施应洁净、光亮、无污渍。

3.3.3.1.2 室外区域

天面：
做好安全措施。
清扫地面。
擦拭设施。
工作频次：每天一次。
清洁标准：应当无青苔、无杂草、无垃圾杂物、无堵塞物、无积沙、无积水。

公共场所：

清扫岗位区域。

清扫岗亭。

清扫地面。

擦拭桌椅和公共设施。

工作频次：每 2 小时巡视保洁一次。

清洁标准：保持清洁干净，无垃圾、无残枝落叶、无动物排泄物、无明显积水和污迹现象。

水景：

关闭电源，隔离作业区域，摆放提示牌。

捞出池内水生植物、鱼类。

清理排水口和池内杂物。

清洗水景石壁、灯饰、鹅卵石。

恢复注水，放回植物、鱼类。

工作频次：每天上、下午各一次。

清洁标准：应当保持水质清澈，应当无漂浮物，底部无泥沙、无沉淀物，池边无污渍。

停车场：

全面清扫地面。

擦拭公共设施。

工作频次：每天上、下午各一次。

清洁标准：地面应当无明显污渍、积水、泥沙及垃圾杂物；排水沟应当畅通、无垃圾杂物、无臭味。

3.3.3.1.3 厂房区域

主厂房：

做好安全措施。

清扫地面。

擦拭公共设施。

清理化粪池。

工作频次：每周一次。

清洁标准：无灰尘、蛛网及其他异物，无表面油污和其他污渍。

开关站：

清扫岗位区域。

清扫地面。

擦拭楼梯和公共设施。

工作频次：每周 1 次。

清洁标准：保持清洁干净，无垃圾、无残枝落叶、无动物排泄物、无明显积水和污迹现象。

配电中心：

清扫岗位区域。

清理排水口。

擦拭楼梯和公共设施。

工作频次：每周 1 次。

清洁标准：地面应当无明显污渍、积水、泥沙及垃圾杂物。

3.3.3.2 保洁工器具使用方法

3.3.3.2.1 常用保洁工具介绍

工具	功能及使用方式	图片
刷子	1. 用于刷洗地面上的泥浆、油污及其他顽固污渍。 2. 一般配合清洁剂进行刷洗，然后用清水清洗干净。 3. 使用后，清洁干净放回仓库	
扫帚与垃圾铲	用于清扫地面垃圾、落叶等杂物	
防风垃圾铲	1. 用于室外风力较大的区域保洁。 2. 防风垃圾铲具有掩罩以防止尘埃、落叶被风吹走，造成对环境的二次污染及重复作业	
安全梯	1. 用于高位清洁作业项目。 2. 使用梯子前须检查梯子、梯子踏板等部件螺丝，确保连接可靠。 3. 使用梯子时须两人现场作业，一人清洁一人扶梯，确保作业安全。 4. 梯子使用后须安全摆放，以防倾斜伤人或其他物品。 5. 应符合梯子、平台及脚手架使用安全要求	

（续表）

工具	功能及使用方式	图片
抹布	1. 用于台面、桌面等区域的清洁擦拭。 2. 清洗后，将其折叠成四方形，依次折叠更换擦拭。 3. 应按照从上到下、从左至右的顺序进行擦拭。 4. 使用后清洗晾干，放回仓库待用	
高级抹布	1. 用于不锈钢、镜面等的清洁擦拭。 2. 清洗拧干后折成方形，按照从上到下、从左到右的顺序进行擦拭。 3. 在对不锈钢进行清洁擦拭时，须顺着不锈钢纹路进行。 4. 使用后清洗晾干，放回仓库待用	
水桶	1. 用于取水、配比清洁液。 2. 水桶的取水量不得超过水桶容积的 2/3，避免行走时外溢。 3. 使用后清洗干净，放回仓库待用	
尘推	1. 用于木地板、大理石及光滑硬质地面拖洗除尘。 2. 将静电吸尘剂喷洒到尘罩上（16—24 小时后）使用，推尘效果较好。 3. 推尘时将其平放于作业地面，紧贴地面沿直线向前推尘。 4. 当尘推沾满尘土时，须清除尘土后使用，过脏时应清洗晾干后再使用	
地拖	1. 用于地面拖洗、除污。 2. 将地拖清洗干净，保持润湿状态进行拖洗。 3. 按照从里到外，先拖边角，再拖中间的顺序进行。 4. 使用后清洗干净，晾干待用	
长柄手刷	1. 用于清洗马桶厕盘。 2. 将洁厕灵滴入马桶内，结合冲水进行刷洗。 3. 使用后清洗干净晾干，放回仓库待用	

（续表）

工具	功能及使用方式	图片
铲刀	1. 用于清理地面、墙面的水泥、污渍、胶糖、粘贴物。 2. 用水将污染物润湿，用铲刀进行清理，然后冲洗干净。 3. 使用完毕后，清洗干净放回仓库待用	
水刮	1. 用于洗地、雨天刮水。 2. 刮水时均匀用力侧身往后刮或向前推。 3. 使用后清洗干净，放回仓库	
涂水器与玻璃刮	1. 用于玻璃清洁。 2. 用涂水器蘸取清洁液涂洗玻璃。 3. 用玻璃刮按从上往下、从左向右的顺序操作。 4. 用镜布对玻璃边角水迹进行擦拭。 5. 使用后用毛巾擦干，放回仓库待用	
伸缩杆	1. 用于高位玻璃的清洁。 2. 将涂水器 / 玻璃刮安装在伸缩杆上面。 3. 注意检查伸缩杆接口处有无松动并及时复位，避免脱落，造成安全事故。 4. 使用后清洗干净，放回仓库待用	
喷壶	1. 用于存装少量清洁液的轻便容器。 2. 将清洁剂加水，按一定比例配好后装入喷壶内待用。 3. 使用时按压压杆，取用清洁液。 4. 使用后将喷壶清洗干净，放回仓库待用	
胶手套	1.用于保护清洁人员手部，避免清洁剂伤及手部。 2. 使用后清洗干净晾干，放回仓库待用	
多功能手推清洁车	1. 用于清洁员携带清洁工具及清洁材料。 2. 将清洁工具按照手推车的存放要求进行规范摆放。 3. 定期进行清洁，保持车身整洁干净。 4. 使用过程中，须靠墙摆放，避免影响车辆和行人通行。 5. 使用后清洗干净，放回仓库待用	
水管	1. 用于地面清洗、绿化浇水。 2. 在使用中不能折叠，避免局部水压过大造成水管破裂。 3. 使用后，须排出管内水，盘好放回仓库待用	

3.3.3.2.2 常用保洁剂使用方法

名称	适用范围	使用方法与注意事项
全能清洁剂	家具、瓷砖、大理石、胶地板、浴室、卫生间厕盆、玻璃幕墙的清洁和消毒	1. 在容器内用清水按比例稀释后使用。 2. 按使用说明书要求进行配比
洁厕灵	马桶、洗手盆等卫生洁具的顽固污渍及水垢的清除	1. 先用清水刷洗，然后喷上洁厕灵，用刷子刷净污垢后，清水冲洗，最后用拖把或抹布拖干或擦干。 2. 应尽量控制使用频率。 3. 家政服务时禁止使用
去污粉	水泥制品、陶瓷制品油污及亚光面石材表面污迹的清除	用去污粉刷洗，之后用清水冲洗，对陶瓷制品用毛巾抹干
玻璃水	玻璃镜面和玻璃制品污迹的清除和上光	均匀喷上玻璃水，然后用干抹布擦干或用玻璃刮刀刮洗
洁而亮	木质、瓷质、塑料、金属物品等表面清洁	1. 清除灰尘。 2. 将洁而亮倒在干净抹布上或者直接倒在物品须清洁的部位。 3. 用半干抹布进行擦拭，再用湿抹布彻底擦拭
碧丽珠	皮具、皮革、木质用品、聚酯漆面、防火胶板等的清洁和上光	1. 先用湿抹布将表面擦干净、晾干。 2. 摇动均匀，直立喷射于物品表面。 3. 用干抹布擦拭干净
蓝威宝	塑料制品表面、地毯的茶渍、饮品渍、鞋油污迹清除及厨房用品用具油渍的清除、金属饰物的清洁	1. 较顽固污迹稀释比例为1∶3，一般污迹稀释比例为1∶20。 2. 厨房油渍直接用蓝威宝对污迹喷射，用毛巾抹净。 3. 地毯上的茶渍、饮料渍、鞋油渍，用蓝威宝喷射，片刻后轻擦，用干毛巾吸去污垢即可
电话消毒剂	对电话机的清洁、消毒	1. 用湿毛巾抹干净，给电话筒喷上少许电话消毒剂。 2. 用干毛巾擦干
除锈剂	大理石表面的除锈	1. 先用白布或棉花铺在表面。 2. 淋上除锈剂约2小时，进行充分氧化。 3. 视情况用清水冲洗

（续表）

名称	适用范围	使用方法与注意事项
特高 128	去油迹、香口胶迹，血、唇膏、墨汁及宠物的尿迹等	1. 清理香口胶迹用原液。 2. 其他视情况进行比例配兑。 3. 使用前请详细阅读说明书或局部试验
不锈钢清洁剂	不锈钢制品的清洁、上光、保养	1. 喷涂于要清洁的不锈钢表面后，用软布或海绵将污迹擦除，再用清水多次擦洗直至干净即可，对较难除的污迹，可按上述方法重复使用。 2. 清洁亚光类不锈钢表面时，喷涂在湿布上顺自然纹路进行擦抹，并立即用清水清洗，干后用干软的布打光即可
铜亮剂	铜制品的清洁、上光、保养	1. 清除灰尘，将铜亮剂用手动喷壶以喷雾状均匀喷洒到铜制品表面。 2. 用干净干抹布沿纹路进行擦拭
漂白水	用作清洁、杀菌、消毒、漂白	1. 拖把 / 毛巾漂洗：将拖把 / 毛巾用洗衣粉清洗一遍，放入漂白水配清水的桶里浸泡 1 小时消毒，用清水清洗干净即可。 2. 大理石除黄渍 / 茶渍：用纸巾或毛巾铺在污渍上，淋上小盖漂白水约 2 小时进行充分吸收，视情况用清水冲洗清洁即可
化油剂	地毯、地砖油污（机油、柴油）、厨房抽油烟机除污	1. 一般油污稀释比例为 1∶20，严重油污稀释比例为 1∶10 或使用原液。 2. 喷洒在油污处约 10 分钟，先用毛巾擦拭，再用清水刷洗干净
天那水	地面或墙面油漆、玻璃表面污渍、喷涂字体等顽固污渍清除	1. 使用时用毛巾沾少许天那水，轻轻擦拭脏污处，直到脏物溶解，再用毛巾擦干净。 2. 禁止在高温下使用或接近明火。 3. 有各类漆膜的木材、铝塑板、塑料制品、橡制品慎用。 4. 用完后即用盖子封口，严禁与碱酸性物品混合使用，使用时注意通风
消毒水	毛巾、拖把等的清洗消毒	1. 一般的表面消毒，可按 1∶30 的稀释比例。 2. 不可与其他清洁剂同时或者混合使用
除胶剂	用于清除不干胶、香口胶等黏附于物体上的胶迹	1. 将除胶剂喷洒于污渍处，在污渍处由外向内抹，清除香口胶。 2. 使用时应戴上手套

3.3.3.3 有害生物防治方法、需求及效果检验

3.3.3.3.1 操作要求

项目	方法和要求
频率	1. 每周灭苍蝇、蚊子一次。 2. 每半月对水景、排水沟及其他积水处投放药物一次（观赏鱼池除外）。 3. 每月灭老鼠、蟑螂一次。 4. 5—10 月，每月投放防蛇药物一次。 5. 每月全面喷雾消杀一次。 6. 蚊虫滋生高发期应增加消杀频率，或按消杀合同要求执行
用药	禁止使用国家已明确禁用药品，按准用药剂清单执行
范围	1. 室外：外围广场、下水道、污水井、垃圾桶、垃圾中转站、绿化带等公共区域。 2. 室内：办公区域、公共洗手间、盆栽绿化、消防楼梯间、公共走道等公共区域
作业	1. 消杀前，须提醒业主远离操作现场，在明显位置放置“消杀进行中”标识。 2. 消杀时，操作人员应着工服，佩戴工作牌，并按要求戴口罩、手套等防护用具。 3. 消杀后，工具、用品应统一带走，禁止随意放置，及时清理有害生物尸体。 4. 药剂容器、抹布等物品，应按照危险固体废弃物处理。 5. 无操作资质或资质未备案人员，不得进行消杀操作。 6. 环境管理人员实施监督，将消杀情况在《有害生物防治服务过程记录表》做好记录
效果评估	按《有害生物防治效果检查方法和标准》执行

3.3.3.3.2 常用消杀药品的使用方法

药品名称	防治对象	使用方法
氯氰菊酯	灭蚊、蟑、蝇等害虫	加水稀释 800 倍液做滞留喷洒
清氛	防治蚊子、蟑螂	加水稀释 800 倍液做滞留喷洒
灭得优	灭蚊、蟑、蝇等害虫	加水稀释 1000 倍液做滞留喷洒
菊素灵 A–3	广谱性杀虫剂	加水稀释 600 倍液做滞留喷洒
球形芽孢杆菌	蚊子幼虫	投放于积水中
烟雾油	蟑螂	烟雾处理污水井
施杰胶饵	蟑螂	施药于蟑螂活动区域
优士胶饵	蟑螂	施药于蟑螂活动区域
2.5% 溴氰菊酯	蚊蝇	加水稀释 600 倍液做滞留喷洒
双硫磷	蚊蝇滋生区	加水稀释 500 倍液做滞留喷洒
安备杀虫 颗粒剂	蚊蝇滋生区	投放于积水中或蚊蝇滋生区
溴敌隆鼠谷	老鼠	投放于毒鼠屋
溴敌灵母粉	老鼠	投放于毒鼠屋
达豪 强力粘鼠板	老鼠	摆放于老鼠通行处
灭蚁灵	白蚁	喷洒于白蚁群及蚁路蚁巢中
白蚁诱管	白蚁	灭白蚁引诱装置
雄黄粉	防蛇	附属建筑物周边散雄黄粉

3.3.3.3.3 有害生物防治效果检查方法和标准

项目	检查方法	检查标准
灭蚊	容器指数法，即检查积水容器或其他小型积水中，有幼虫的阳性积水数所占百分比	1. 室内外各种存水容器和积水中，蚊幼虫阳性率不超过3%。 2. 用500毫升收集勺采集管辖区域内大中型水体中的蚊幼虫，阳性率不超过3%，收集勺内幼虫的平均数不超过5只
灭蝇	目测法，即在某一场所、一定面积或一定时间直接目测停落的成蝇数，以“只／平方米”表示。	1. 有蝇阳性区域不超过公共区域内蝇类滋生地的3%，平均每阳性区域不超过3只。 2. 蝇类滋生地得到有效治理，幼虫和蛹的检出率不超过3%。 3. 夜晚公共照明灯光附近无明显蚊虫飞舞
灭鼠	1. 目测法，即目测鼠粪、鼠洞、鼠脚印、鼠尸和鼠咬痕等鼠的痕迹。 2. 粉板法，即用20厘米×20厘米的硬纸板，上附一层薄滑石粉，将粉板沿墙边或花丛、绿篱放置，平均每30平方米放2块，每次检测不得少于环境面积的30%	1. 不同类型的外环境累计2000平方米，鼠迹不超过5处（目测法）。 2. 阳性粉块不超过3%
灭蟑螂	1. 目测法，即在蟑螂栖息处直接检查卵荚或蟑迹。 2. 药激法，即采用0.3%氯氰菊酯酒精液、蟑螂密度测定剂喷洒于蟑螂栖息处，喷药后观察爬出蟑螂成、若虫数，以“只／平方米”表示	1. 每25平方米有活卵荚（鞘）外环境栖息地不超过2个，平均每25平方米不超过4只；有蟑迹（粪便、蜕皮、残蟑等）外环境栖息处不超过5%（目测法）。 2. 打药后，有蟑螂（成、若虫）阳性外环境栖息处不超过3%；平均每25平方米外环境大蟑螂不超过5只，小蟑螂不超过10只（药激法）
驱蛇	检查管辖区域蛇类出现情况	管辖区域内无蛇类出现

3.3.4 其他工作要求及工作忌讳

无。

四、绿化服务岗位培训手册

4.1 人员架构

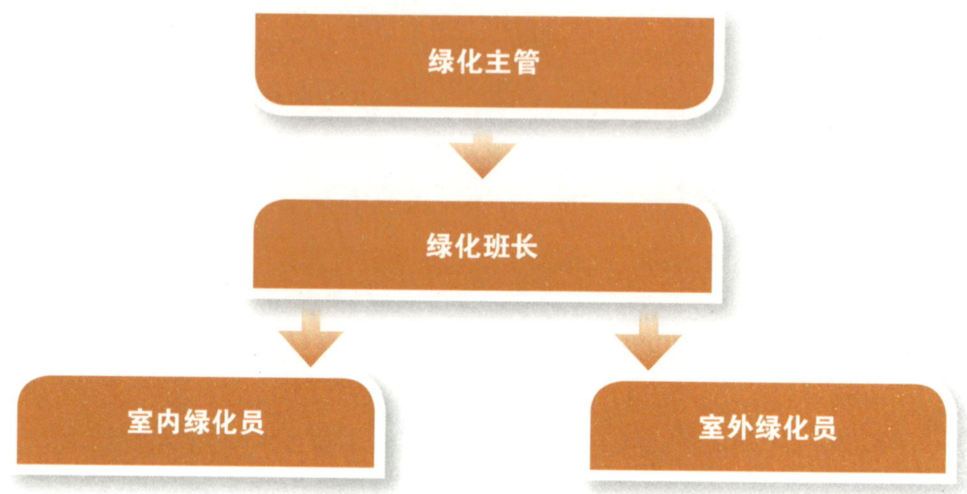

4.2 工作区域

4.3 培训内容

4.3.1 培训目标

关注重点

1. 记住本人的《岗位操作手册》内容，主要包括绿化工作步骤和工作内容。
2. 了解并熟悉本人负责的绿化区域工作流程和工作标准。
3. 了解绿化工器具使用方法及相关业务知识。
4. 上岗时礼仪礼表、言行举止达到基本要求。
5. 了解必要工作禁忌（按需）。

4.3.2 操作流程

4.3.2.1 室内外绿化养护操作流程

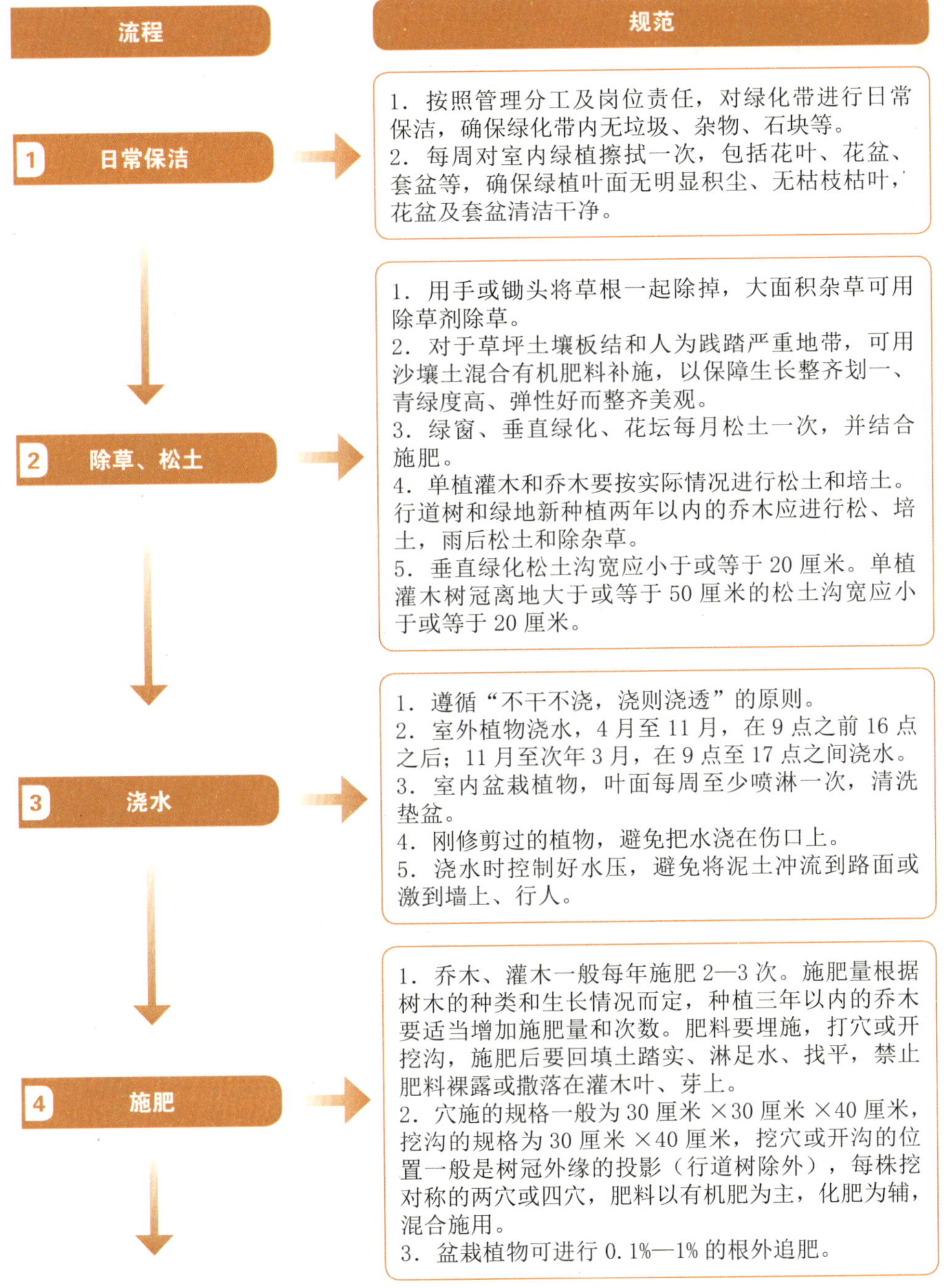

流程	规范
1 日常保洁	1．按照管理分工及岗位责任，对绿化带进行日常保洁，确保绿化带内无垃圾、杂物、石块等。 2．每周对室内绿植擦拭一次，包括花叶、花盆、套盆等，确保绿植叶面无明显积尘、无枯枝枯叶，花盆及套盆清洁干净。
2 除草、松土	1．用手或锄头将草根一起除掉，大面积杂草可用除草剂除草。 2．对于草坪土壤板结和人为践踏严重地带，可用沙壤土混合有机肥料补施，以保障生长整齐划一、青绿度高、弹性好而整齐美观。 3．绿窗、垂直绿化、花坛每月松土一次，并结合施肥。 4．单植灌木和乔木要按实际情况进行松土和培土。行道树和绿地新种植两年以内的乔木应进行松、培土，雨后松土和除杂草。 5．垂直绿化松土沟宽应小于或等于 20 厘米。单植灌木树冠离地大于或等于 50 厘米的松土沟宽应小于或等于 20 厘米。
3 浇水	1．遵循“不干不浇，浇则浇透”的原则。 2．室外植物浇水，4 月至 11 月，在 9 点之前 16 点之后；11 月至次年 3 月，在 9 点至 17 点之间浇水。 3．室内盆栽植物，叶面每周至少喷淋一次，清洗垫盆。 4．刚修剪过的植物，避免把水浇在伤口上。 5．浇水时控制好水压，避免将泥土冲流到路面或溅到墙上、行人。
4 施肥	1．乔木、灌木一般每年施肥 2—3 次。施肥量根据树木的种类和生长情况而定，种植三年以内的乔木要适当增加施肥量和次数。肥料要埋施，打穴或开挖沟，施肥后要回填土踏实、淋足水、找平，禁止肥料裸露或撒落在灌木叶、芽上。 2．穴施的规格一般为 30 厘米 ×30 厘米 ×40 厘米，挖沟的规格为 30 厘米 ×40 厘米，挖穴或开沟的位置一般是树冠外缘的投影（行道树除外），每株挖对称的两穴或四穴，肥料以有机肥为主，化肥为辅，混合施用。 3．盆栽植物可进行 0.1%—1% 的根外追肥。

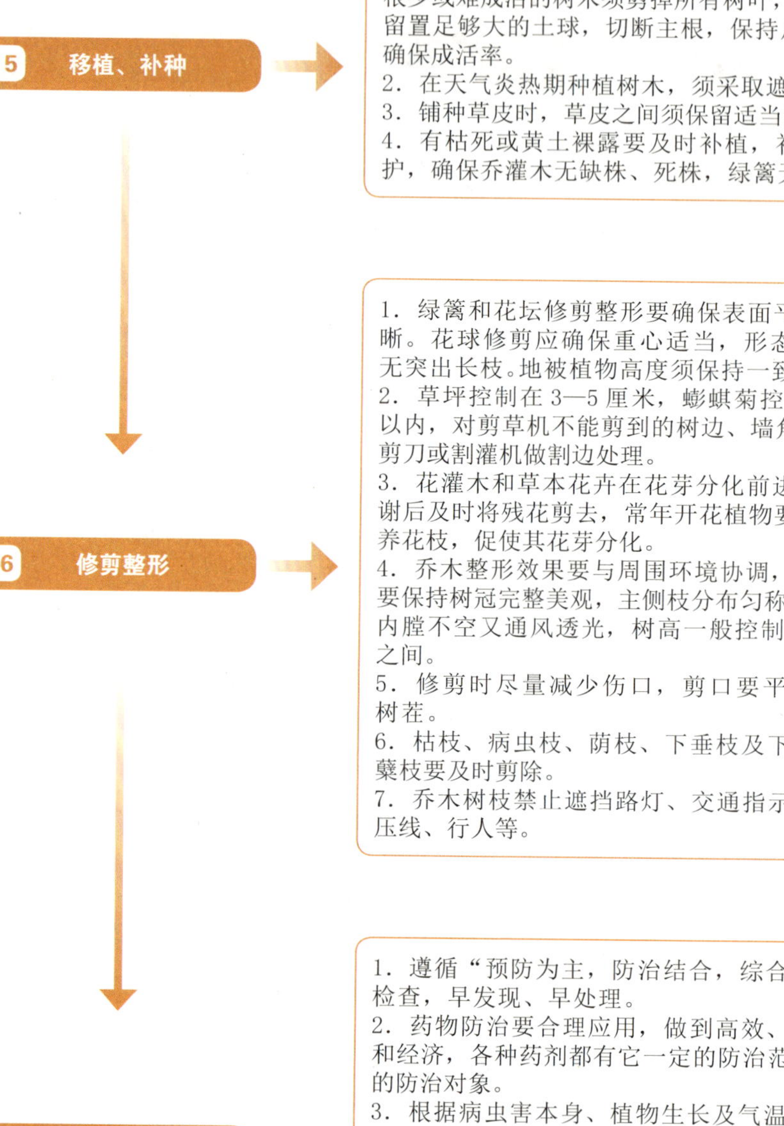

1. 新植或移植绿植时，须剪去2/3的枝叶，对须根少或难成活的树木须剪掉所有树叶，只保留树干。留置足够大的土球，切断主根，保持足够的须根，确保成活率。
2. 在天气炎热期种植树木，须采取遮阴措施。
3. 铺种草皮时，草皮之间须保留适当的间距。
4. 有枯死或黄土裸露要及时补植，补植后加强养护，确保乔灌木无缺株、死株，绿篱无断层。

1. 绿篱和花坛修剪整形要确保表面平整，轮廓清晰。花球修剪应确保重心适当，形态美观匀称，无突出长枝。地被植物高度须保持一致，边缘整齐。
2. 草坪控制在3—5厘米，蟛蜞菊控制在20厘米以内，对剪草机不能剪到的树边、墙角等部位，用剪刀或割灌机做割边处理。
3. 花灌木和草本花卉在花芽分化前进行修剪，花谢后及时将残花剪去，常年开花植物要有目的地培养花枝，促使其花芽分化。
4. 乔木整形效果要与周围环境协调，行道树修剪要保持树冠完整美观，主侧枝分布匀称、数量适宜，内膛不空又通风透光，树高一般控制在10—17米之间。
5. 修剪时尽量减少伤口，剪口要平，不能留有树茬。
6. 枯枝、病虫枝、荫枝、下垂枝及下缘线下的萌蘖枝要及时剪除。
7. 乔木树枝禁止遮挡路灯、交通指示牌，影响高压线、行人等。

1. 遵循“预防为主，防治结合，综合治理”，常检查，早发现、早处理。
2. 药物防治要合理应用，做到高效、低毒、安全和经济，各种药剂都有它一定的防治范围和最有效的防治对象。
3. 根据病虫害本身、植物生长及气温变化的特点掌握施药的时机。
4. 病虫防治还要区分药物的类型，通常采用胃毒、内吸、触杀、熏蒸等药物类型。
5. 按照药剂说明配制药液浓度。
6. 防治时应尽量交替使用药剂，减少病虫害的抗药性。
7. 草坪、灌木、乔木在发生病虫危害时，最严重的危害率应控制在5%以内。

4.3.2.2 室外草坪养护操作流程

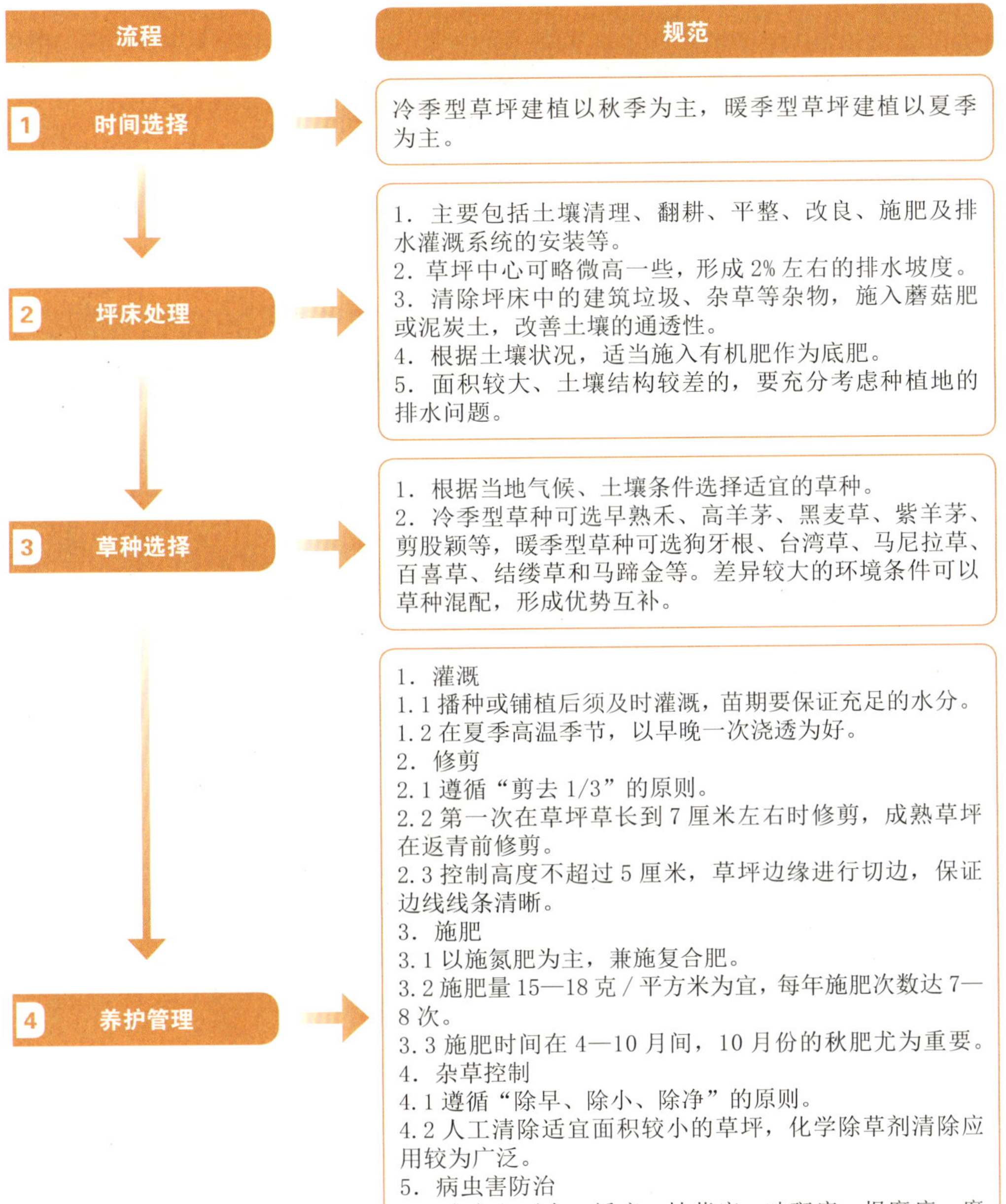

流程	规范
1 时间选择	冷季型草坪建植以秋季为主，暖季型草坪建植以夏季为主。
2 坪床处理	1．主要包括土壤清理、翻耕、平整、改良、施肥及排水灌溉系统的安装等。 2．草坪中心可略微高一些，形成2%左右的排水坡度。 3．清除坪床中的建筑垃圾、杂草等杂物，施入蘑菇肥或泥炭土，改善土壤的通透性。 4．根据土壤状况，适当施入有机肥作为底肥。 5．面积较大、土壤结构较差的，要充分考虑种植地的排水问题。
3 草种选择	1．根据当地气候、土壤条件选择适宜的草种。 2．冷季型草种可选早熟禾、高羊茅、黑麦草、紫羊茅、剪股颖等，暖季型草种可选狗牙根、台湾草、马尼拉草、百喜草、结缕草和马蹄金等。差异较大的环境条件可以草种混配，形成优势互补。
4 养护管理	1．灌溉 1.1 播种或铺植后须及时灌溉，苗期要保证充足的水分。 1.2 在夏季高温季节，以早晚一次浇透为好。 2．修剪 2.1 遵循“剪去1/3”的原则。 2.2 第一次在草坪草长到7厘米左右时修剪，成熟草坪在返青前修剪。 2.3 控制高度不超过5厘米，草坪边缘进行切边，保证边线线条清晰。 3．施肥 3.1 以施氮肥为主，兼施复合肥。 3.2 施肥量15—18克/平方米为宜，每年施肥次数达7—8次。 3.3 施肥时间在4—10月间，10月份的秋肥尤为重要。 4．杂草控制 4.1 遵循“除早、除小、除净”的原则。 4.2 人工清除适宜面积较小的草坪，化学除草剂清除应用较为广泛。 5．病虫害防治 5.1 病害主要有：锈病、枯萎病、叶斑病、根腐病、腐霉菌病等，化学防治药剂有：多菌灵、萎锈灵、托布津、异菌脲、甲霜曼、五氯硝基苯。 5.2 地下害虫有：蛴螬、蝼枯、象甲等；食茎叶害虫有：野螟、粘虫、地老虎、斜纹夜蛾等；常用药剂有：呋喃丹、敌百虫、乐果、辛硫磷、马拉硫磷、敌杀死等。

4.3.2.3 绿化园林机械操作流程

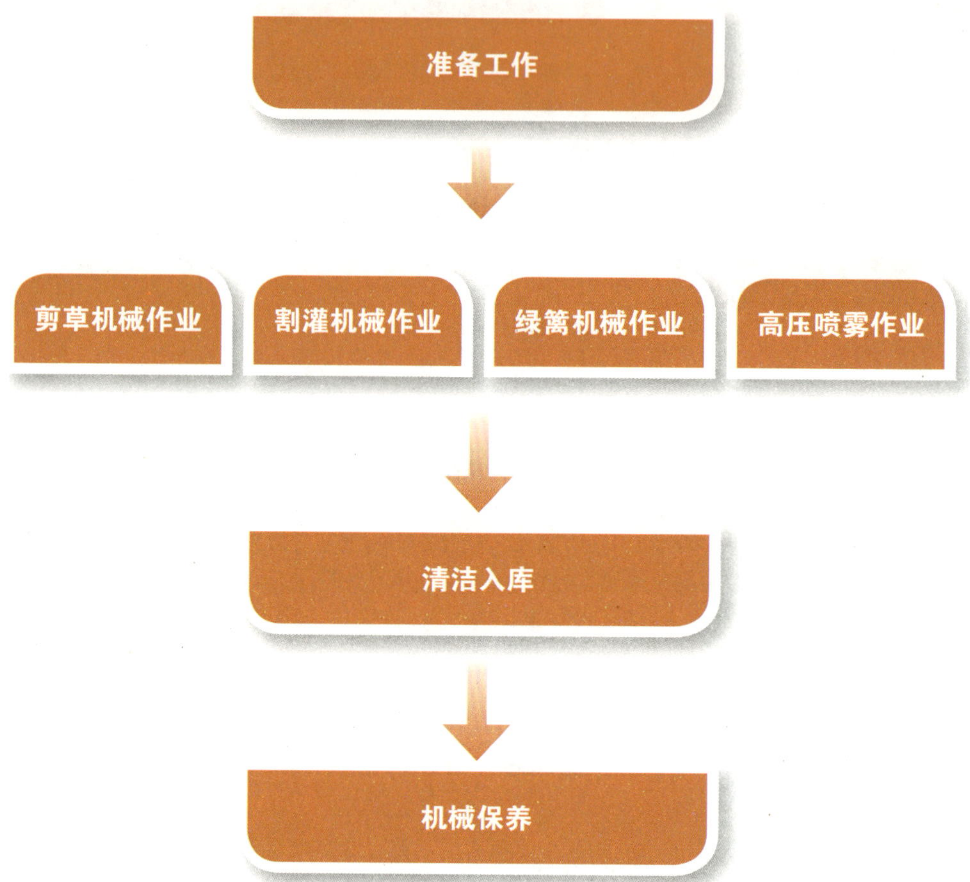

4.3.2.3.1 剪草机械操作流程

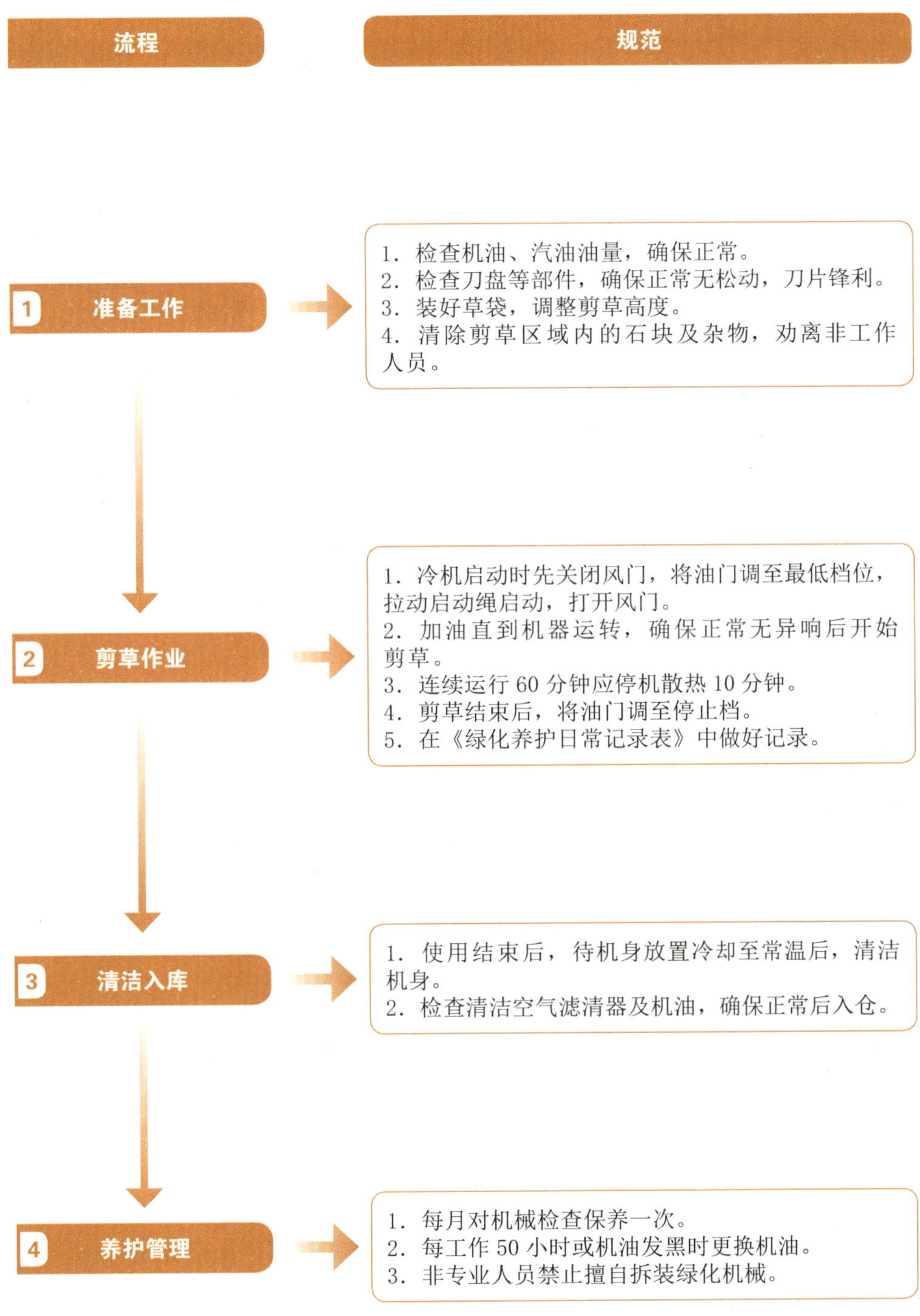

流程	规范
1 准备工作	1. 检查机油、汽油油量，确保正常。 2. 检查刀盘等部件，确保正常无松动，刀片锋利。 3. 装好草袋，调整剪草高度。 4. 清除剪草区域内的石块及杂物，劝离非工作人员。
2 剪草作业	1. 冷机启动时先关闭风门，将油门调至最低档位，拉动启动绳启动，打开风门。 2. 加油直到机器运转，确保正常无异响后开始剪草。 3. 连续运行 60 分钟应停机散热 10 分钟。 4. 剪草结束后，将油门调至停止档。 5. 在《绿化养护日常记录表》中做好记录。
3 清洁入库	1. 使用结束后，待机身放置冷却至常温后，清洁机身。 2. 检查清洁空气滤清器及机油，确保正常后入仓。
4 养护管理	1. 每月对机械检查保养一次。 2. 每工作 50 小时或机油发黑时更换机油。 3. 非专业人员禁止擅自拆装绿化机械。

4.3.2.3.2 割灌机械操作流程

流程	规范
1 准备工作	1．检查机油与汽油，两冲程发动机的机器，按比例配好燃油，确保正常。 2．检查刀盘、背带等部件，确保正常。 3．安装刀片、割绳，确保稳固安全。 4．佩戴眼罩、鞋子。 5．清除剪草区域内的石块及杂物，劝离非工作人员。
2 割灌工作	1．冷机启动时先关闭风门，将油门调至低档位，拉动启动绳启动后，打开风门。 2．背好机头，双手紧握扶柄，用右手指将油门逐渐调大。 3．机械转速正常后，将刀盘稍微向左倾斜，由右向左匀速修剪草坪。 4．修剪完毕后，将油门调至最低档，待刀盘及割绳停止运转后将机器轻放于地上，按停止键停机。 5．在《绿化养护日常记录表》中做好记录。
3 清洁入库	使用结束后，待机身放置冷却至常温后，清理、清洁机身及刀盘，确保正常后入仓。
4 机械保养	1．每月对机械检查保养一次。 2．若长期放置时，金属部分须涂上一层薄润滑油。 3．非专业人员禁止擅自拆装绿化机械。

4.3.2.3.3 绿篱机械操作流程

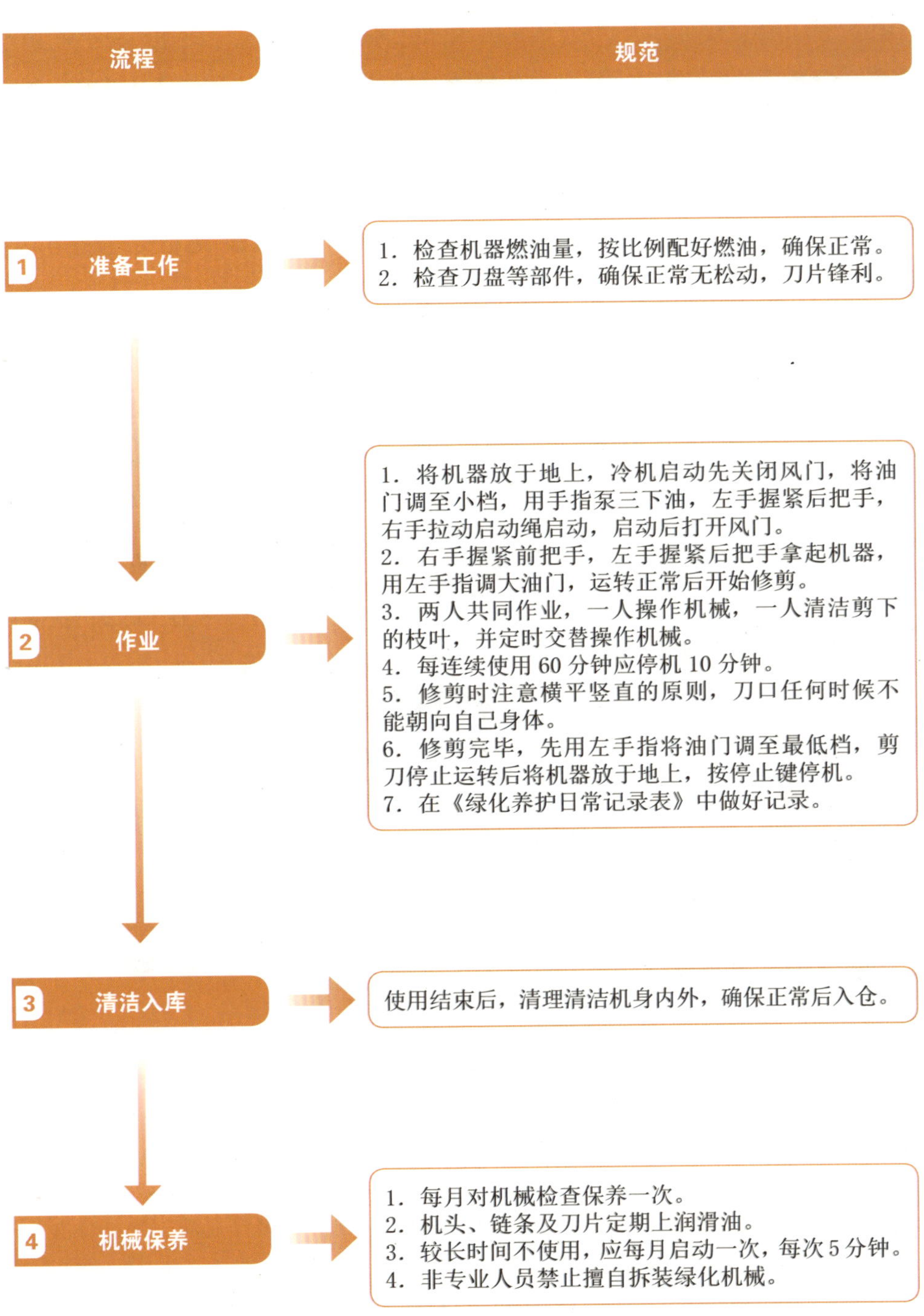

流程	规范
1 准备工作	1. 检查机器燃油量，按比例配好燃油，确保正常。 2. 检查刀盘等部件，确保正常无松动，刀片锋利。
2 作业	1. 将机器放于地上，冷机启动先关闭风门，将油门调至小档，用手指泵三下油，左手握紧后把手，右手拉动启动绳启动，启动后打开风门。 2. 右手握紧前把手，左手握紧后把手拿起机器，用左手指调大油门，运转正常后开始修剪。 3. 两人共同作业，一人操作机械，一人清洁剪下的枝叶，并定时交替操作机械。 4. 每连续使用 60 分钟应停机 10 分钟。 5. 修剪时注意横平竖直的原则，刀口任何时候不能朝向自己身体。 6. 修剪完毕，先用左手指将油门调至最低档，剪刀停止运转后将机器放于地上，按停止键停机。 7. 在《绿化养护日常记录表》中做好记录。
3 清洁入库	使用结束后，清理清洁机身内外，确保正常后入仓。
4 机械保养	1. 每月对机械检查保养一次。 2. 机头、链条及刀片定期上润滑油。 3. 较长时间不使用，应每月启动一次，每次 5 分钟。 4. 非专业人员禁止擅自拆装绿化机械。

4.3.2.3.4 高压机械操作流程

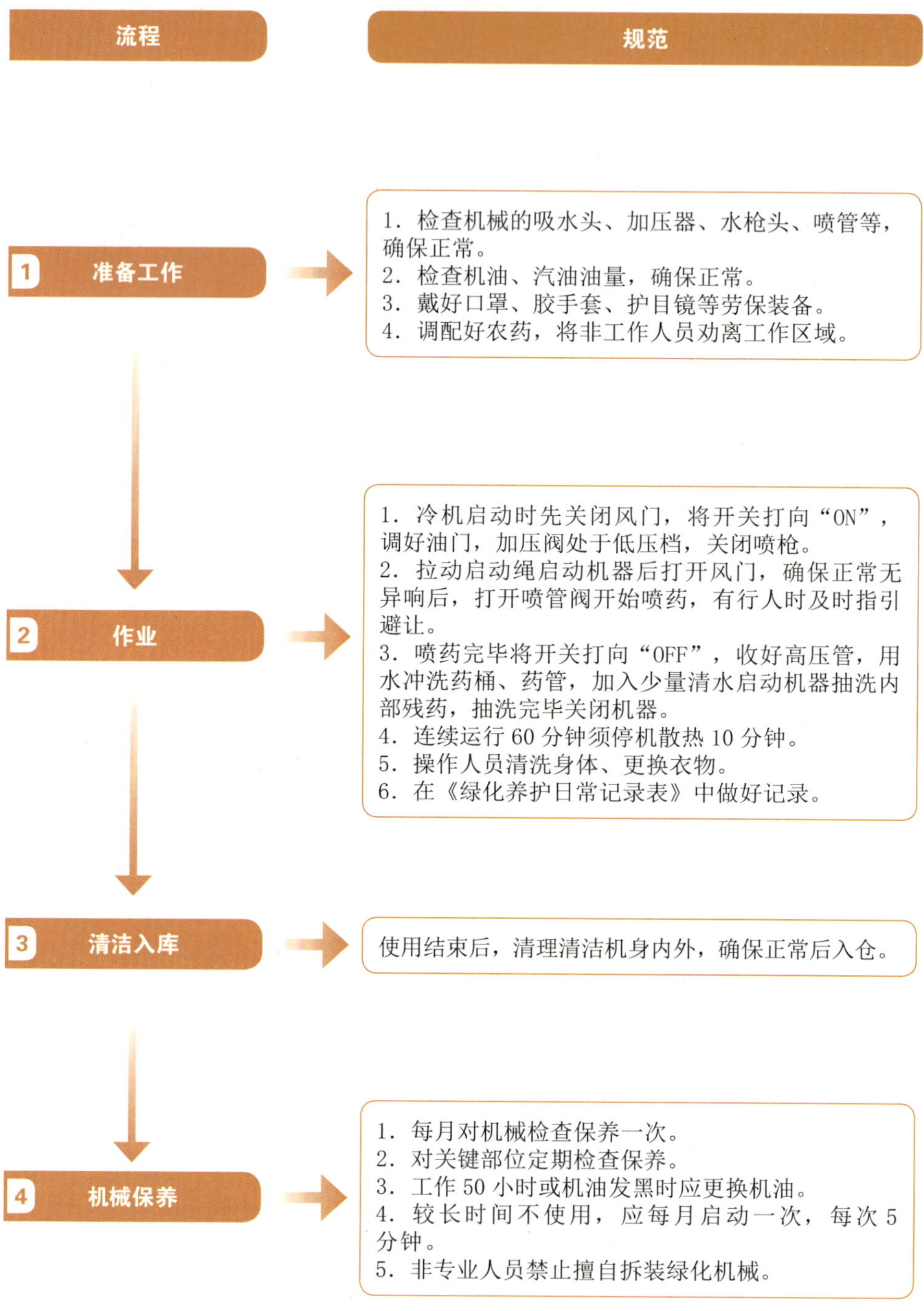

流程	规范
1 准备工作	1. 检查机械的吸水头、加压器、水枪头、喷管等，确保正常。 2. 检查机油、汽油油量，确保正常。 3. 戴好口罩、胶手套、护目镜等劳保装备。 4. 调配好农药，将非工作人员劝离工作区域。
2 作业	1. 冷机启动时先关闭风门，将开关打向“ON”，调好油门，加压阀处于低压档，关闭喷枪。 2. 拉动启动绳启动机器后打开风门，确保正常无异响后，打开喷管阀开始喷药，有行人时及时指引避让。 3. 喷药完毕将开关打向“OFF”，收好高压管，用水冲洗药桶、药管，加入少量清水启动机器抽洗内部残药，抽洗完毕关闭机器。 4. 连续运行 60 分钟须停机散热 10 分钟。 5. 操作人员清洗身体、更换衣物。 6. 在《绿化养护日常记录表》中做好记录。
3 清洁入库	使用结束后，清理清洁机身内外，确保正常后入仓。
4 机械保养	1. 每月对机械检查保养一次。 2. 对关键部位定期检查保养。 3. 工作 50 小时或机油发黑时应更换机油。 4. 较长时间不使用，应每月启动一次，每次 5 分钟。 5. 非专业人员禁止擅自拆装绿化机械。

4.3.3 业务知识

4.3.3.1 绿化工器具使用方法

工具	功能 / 用途	图片
小枝剪	主要用于修剪较小的枝条及较硬树叶、根系等	
大剪刀	用于人工修剪绿篱、小面积草坪或草边、灌木周围的草等	
手摇喷雾器	1. 用于较大范围的人工喷药，容量较大。 2. 使用时先将药液按比例调好，盖上盖，背在背后，通过手摇把液体压喷出来	
手锯	用于近距离人工砍伐或截断	
高枝锯	用于远距离修剪高空中的较大枝条，一般与具有伸缩性的延长杆一起配合使用	
大力剪	用于修截干径较大的枝条或较硬枝条	

4.3.3.2 常见绿植养护要点

名称	养护要点	图片
苏铁	1. 苏铁生长缓慢，成年植株每年仅长一轮叶丛，新叶展开成熟时，将下部老叶剪除。 2. 春夏季节叶片生长旺盛，保持水分供应，每季度施肥一次，入秋时气温逐渐下降，应减少浇水，将内部老叶剪除，冬季以稍干燥为好。 3. 常见病虫害有：叶片遭介壳虫危害，可保持通风，用 40% 蚧脱 1000 倍液做喷雾处理	
观音竹	1. 浇水宁湿勿干，每天喷水一次，每季度施肥一次。 2. 常见病虫害有：叶枯病、褐斑病、灰斑病危害，发病前用波尔多液，发病时使用甲基托布津 1000 倍液喷雾防治，介壳虫和蚜虫可喷 40% 速扑杀 800 倍液喷雾防治	
花叶万年青	1. 适宜生长温度为 20—30℃。 2. 夏季茎叶生长旺盛期应保证水分供应，可进行叶面喷水，浇水过多易造成根系腐烂，根据长势适量施肥。 3. 避免阳光直射而灼伤，光照及温度过高时，须做遮阴处理。 4. 常见病虫害有：细菌性叶斑病、褐斑病和炭疽病危害，可喷洒 50% 多菌灵 500 倍液防治；另有根腐病和茎腐病发生，除注意通风和减少湿度，可喷洒 75% 百菌清 800 倍液防治	
巴西铁（金心）	1. 盆栽每年 4 月换盆，新株每年换一次，老株每两年换一次。 2. 使用肥沃的培养土或腐叶土，盆土不宜过湿，盛夏季节注意叶面喷水。 3. 生长期每两月施肥一次，以磷钾肥为主。 4. 常见病虫害有：叶斑病，可用 70% 福美铁 1000 倍液喷洒防治；介壳虫虫害可用 40% 蚧脱 1000 倍液喷雾防治	
富贵竹（金边）	1. 生长期保持盆土湿润，每两个月施肥一次，每年 4—5 月适宜换盆，及时清理枯枝败叶。 2. 夏季生长旺盛，要适当遮阴，并勤浇水，勿使盆土干燥。 3. 常见病虫害有：叶斑病、茎腐病和根腐病，可用 100 倍波尔多液喷洒多次，蓟马和介壳虫等虫害，可用速扑杀 800 倍液喷雾防治	

（续表）

名称	养护要点	图片
发财树、马拉巴栗	1. 土壤以肥沃、疏松的壤土为好，常用扦插繁殖，盆栽的植株盆土不宜过湿，浇水宁少勿多，平常在叶面喷水即可。 2. 常见病虫害有：叶斑病，用50%多菌灵喷洒，虫害有介壳虫、粉虱和卷叶螟危害，可用速扑杀800倍液喷雾防治	
绿萝	1. 绿萝为蔓性植物，生长期须设立支柱，让茎叶攀缓而上。 2. 保持土壤湿润，经常向叶面喷水，生长期每月施肥一次，多施磷肥和钾肥，少施氮肥。 3. 常见病虫害有：线虫引起的叶斑病和根腐病，根腐病可使用75%百菌清800倍液做灌根处理，叶斑病用70%代森锰锌可湿性粉剂500倍液喷洒防治	
三角梅	1. 生长期每月施肥一次，花期适量增施磷钾肥。 2. 常见病虫害有：叶斑病危害，用65%代森锰锌可湿性粉剂600倍液喷洒防治；虫害有刺蛾和介壳虫危害，用蚧脱500倍液喷杀。	
月季	1. 冬季修剪后至萌芽前开沟施重肥，生长期每月施肥一次，春秋盛花期适量增施磷、钾肥。 2. 花后及时剪除残花枝。 3. 常见病虫害有：白粉病、黑斑病，可用70%甲基托布津可湿粉剂1000倍液喷洒，蚜虫、刺蛾、大蓑蛾等虫害可用50%杀螟松乳油1500倍液喷杀	
一品红	1. 盆栽阳光需充足，移动时轻拿轻放。 2. 花期尽量控制施肥量，早春花后剪去地上部分，做换盆处理。 3. 常见病虫害有：叶斑病、灰霉病和茎腐病，可用70%甲基托布津可湿粉剂1000倍液喷洒，介壳虫、粉虱等虫害可用速扑杀800倍液喷杀	

（续表）

名称	养护要点	图片
茶花	1. 每年春季花后换盆，建议种植以塘泥土为主，生长期土壤保持润湿，入夏后每季度施肥一次。 2. 秋季现蕾到开花期，适量加施磷钾肥。 3. 常见病虫害有：炭疽病、叶斑病，可用25%多菌灵1000倍液喷洒；红蜘蛛、介壳虫等虫害，可用三氯杀螨醇或速扑杀800倍液喷杀	
含笑	1. 3—4月适宜移植，须带土球，盆栽每年春季换盆，栽培场所注意通风和透光。 2. 盛夏适当遮阴，生长期施肥2—3次。 3. 常见病虫害有：根腐病和煤污病，可用50%甲基托布津可湿粉剂1000倍液喷洒；介壳虫、凤蝶幼虫和大蓑蛾等虫害，可用50%辛硫磷乳油1000倍液喷杀	
夹竹桃	1. 土壤保持湿润，经常向叶片喷水，花谢后要及时摘去残花。 2. 秋冬停止施肥，冬季注意防寒。 3. 常见病虫害有：炭疽病、褐斑病，可用65%代森锰锌可湿粉剂600倍液喷洒；介壳虫和蚜虫等虫害，可用40%氧化乐果乳油1500倍液喷杀	
洒金榕（变叶木）	1. 夏季须保持水分供应，经常向叶片喷水，保持叶面清洁干净。 2. 4—10月生长发育期，每月施肥一次，冬季室温低于10℃时，会产生落叶现象。 3. 常见病虫害有：炭疽病、黑霉病，可用50%多菌灵可湿性粉剂600倍液喷洒；室内栽培时，会发生介壳虫和红蜘蛛危害，用速扑杀800倍液喷雾防治	
红背桂	1. 生长期每季度施肥一次，夏、秋季可适当增施磷、钾肥。 2. 夏天放半阴处养护，可保持叶色较绿。 3. 常见病虫害有：炭疽病、叶枯病和根结线虫病危害。炭疽病、叶枯病用65%代森锌可湿性粉剂500倍液喷洒，根结线虫病可施用3呋喃丹颗粒剂进行防治	

（续表）

名称	养护要点	图片
花叶垂榕	1. 根系发达，须每年春季换盆，增加肥土，并修剪整形。 2. 夏季水分蒸发较快，须加大浇水量，结合浇水对叶片喷水，确保叶片干净整洁。 3. 生长期每季度施肥一次。 4. 常见病虫害有：叶斑病危害，发病初期可用200倍波尔多液喷洒2—3次防治；生长期有红蜘蛛危害，用40%三氯杀螨醇乳油1000倍液喷杀	
龟背竹	1. 夏季应做遮阴处理，忌暴晒和干燥，每天结合浇水进行叶片喷水。 2. 生长期每月施肥一次。 3. 常见病虫害有：介壳虫，可用速杀蚧1000倍液喷杀；病害有叶斑病、灰斑病和茎枯病，可用65%代森锌可湿性粉剂600倍液喷洒	
棕竹	1. 一般2—3年换盆一次，生长季节保持盆土湿润，并经常向叶面喷水。 2. 每月施肥一次，盛夏放通风和遮阴处，避免强光直射，随时剪除枯叶。 3. 常见病虫害有：介壳虫，可用速扑杀800倍液喷洒；病害有叶枯病和叶斑病危害，可用200倍波尔多液喷洒防治	
花叶良姜	1. 生长期每月施肥一次，以磷钾肥为主。 2. 保持土壤湿润，夏、秋季经常向叶面喷水，室外栽种，选择排水较好的疏松土壤，春末夏初多见阳光，盛夏稍加遮阴。 3. 常见病虫害有：叶枯病和褐斑病，叶枯病发病初期使用百菌清600倍液做喷雾防治，发生褐斑病可用甲基托布津1000倍液喷雾防治	
红桑	1. 生长期每季度施肥一次，以氮肥为主，冬季停止施肥，减少浇水。 2. 常见病虫害有：红蜘蛛、介壳虫危害，可用三氯杀螨醇或速扑杀800倍液喷杀；根腐病危害，可用抗菌剂401醋酸溶液1000倍液喷雾防治	

（续表）

名称	养护要点	图片
量天尺（三角柱）	1. 春夏生长期须确保水分供应，每季度施肥一次，冬季适当控制浇水量并停止施肥。 2. 常见病虫害有：茎枯病和灰霉病危害，可用50%甲基托布津可湿粉剂1000倍液喷洒防治；虫害有介壳虫危害，可用速扑杀800倍液喷雾防治	
彩叶草	1. 盆栽土壤须疏松、肥沃，夏季高温期，除浇水外，注意叶面喷水，生长期每半月施肥一次。 2. 植株生长过高，须截顶处理。 3. 常见病虫害有：介壳虫、红蜘蛛和白粉虱危害，可用40%速扑杀800倍液喷雾防治；幼苗期易发生猝倒病，生长期有叶斑病危害，可用50%甲基托布津可湿粉剂500倍液喷洒；在湿度大的条件下易发灰霉病，轻微可采取通风透光，严重则须拔除病株，集中销毁	
肾蕨（蜈蚣草）	1. 夏季高温，须加强水分供应，注意通风，生长期每月施肥一次。 2. 常见病虫害有：蚜虫和红蜘蛛，可用蚜虱党、杀螨醇800倍液做喷洒防治；当温度低和潮湿时最容易发灰霉病，药剂防治可用50%速克灵可湿性粉剂2000倍液，或70%代森锰锌500倍液喷雾，7—10天一次，连续2—3次	

4.3.3.3 时花和水生植物的种植及养护方法

4.3.3.3.1 时花养护

项目	种植及养护方法
外观保养	1. 清除杂草、残花、黄叶、断枝、盆内杂物，确保干净整齐。 2. 及时抽换残花，确保摆花的整体效果。 3. 室外种的时花每周修一次边，以防边上的草皮侵入，每半个月松土1次并清除杂草
淋水	以泥面不干裂、时花无缺水枯萎为原则

（续表）

项目	种植及养护方法
施肥	1．对寿命较长的盆花及种地时花须每月施一次高磷、钾的复合肥。 2．种地时花入冬前应施一次高钾肥
更换	时花摆放后期，每盆时花内处于较佳观赏状态的花朵，不超过最佳观赏期的 1/3 时须定为待换花，花坛中待换花的比例超过 1/2 时须全部更换
病虫害防治	1．摆放前须喷雾一次广谱性的杀虫、杀菌剂，做好病虫害预防。 2．摆放后，每两周喷一次药，每天巡查发现病虫害及时喷药灭治。 3．室内时花禁止使用剧毒、强刺激性、污染叶面粉剂的农药，如：有机磷类农药、百菌清粉剂等

4.3.3.3.2　水生植物

项目		种植及养护方法
常见种植方法	睡莲及荷花	1．在每年清明节前后采用分株法繁殖。 2．挑选生长健壮的根茎，每隔约 10 厘米（荷花 2—3 节）切成一段做种茎，每段须带顶芽和保留尾节。 3．选口径 60—80 厘米、深 20 厘米的荷花缸，缸底施入基肥，再加入塘泥至缸深 2/3 处。 4．将根茎沿缸内周边栽入，使首尾相连，顶芽略向缸中央。 5．灌水深至 5 厘米后，放于阳光充足处，待泥土晒至龟裂，再加水晒；种茎新叶长高达 25 厘米后，将荷花缸移入水池指定位置放好。 6．缸栽荷花及睡莲类应每 1—2 年重栽一次
	凤眼莲	春天将母株丛分离或将母株腋生小芽带根切下，投入水中即可
	金鱼藻	将金鱼藻分成几丛栽于池底后即可繁殖
日常养护		1．及时清除枯残枝叶及杂物。 2．对于因病害虫等原因造成整盆死亡的，须及时将空盆撤出。 3．水生植物应在种植时或移入水池前十天施肥，施肥不可污染水池水质。 4．养有观赏鱼的水池，禁止喷洒对鱼类有害的农药
冬季养护		1．因不耐寒而干枯的水生植物，须在枯黄后将泥上部分剪除。 2．多年生耐寒水生植物，须在每年 2 月底新芽长出前将泥上部分剪除。 3．盆栽水生植物可在冬季连盆拿出水面，并在开春前补施一次基肥，待其新叶长出后再移入水中

4.3.3.4 公寓（居室）养花基础知识

项目	相关要求
花木选择	1. 室内适合养阴性或耐阴品种，不适合养有异味或有毒品种，观花植物在室内摆设时应置于向阳处。 2. 阳台适合养喜光、耐干旱的花卉。 3. 南向卧室适合养喜光照和温暖的花卉，东西向卧室适合养植半耐阴的花卉，北向卧室适合养君子兰、吊兰、橡皮树等，客厅适合文竹、吊兰、红掌等，墙角可放置观叶植物
盆土要求	1. 配制培养土的材料：园土、木屑或菌渣、河沙或炭灰、有机肥、腐叶土、泥炭土、塘泥等。 2. 酸性土花卉选择酸性材料配合，或者加 $FeSO_4$ 调节酸碱度，还必须做消毒杀菌处理，常用方法：暴晒、高温等
合理浇水	1. 遵循“不干不浇，浇必浇透”的原则。 2. 阳台的花卉多浇，室内的花卉少浇；气温炎热时多浇，气温凉爽时少浇；草本多浇，木本少浇。 3. 每次浇水要浇至盆底有水渗出为止，注意浇水要浇同温水，自来水最好放一晚上再用
适时施肥	1. 遵循“薄肥勤施”的原则。 2. 居室花卉一般不需要太多肥料，尤其是观叶花卉如巴西铁柱、发财树等。 3. 重施根部基肥，依花卉生长情况适当追施
剪枝造型	1. 常用造型形式有：主干式（单干式）、多干式、丛生式、悬崖式、攀缘式、匍匐式、棚架式、圆球式、尖塔式、雨伞式、象形式等。 2. 常用剪枝方法有：摘心、除芽、剥蕾、摘花、摘叶、摘果、折枝、曲枝、捻枝、短剪、疏剪、回缩等
防病治虫	主要害虫有：蚜虫、红蜘蛛、介壳虫、蚂蚁、蛴螬等，最好以人工捕捉为主，也可用无公害花药喷杀
越冬过夏	1. 越夏关键是遮阴、降温，越冬关键是防冻。 2. 根据花木的耐高温和抗寒能力控制室温。 3. 盆土偏干可增强花卉的抗寒能力。 4. 越冬花木早春应该注意防御春寒，寒潮来临前要防护
换土与换盆	1. 宿根花卉一般每年换盆一次，木本花卉一般 2—3 年换盆一次；一般在秋季生长将停止时或早春生长开始前进行。 2. 常绿种类花卉，在梅雨季节也可换盆。 3. 在开花时或花朵形成时则不能换盆。 4. 换盆后，浇足定根水，以后则不宜过多浇水，新根长出后，可逐渐增加浇水量。 5. 初换盆时，须保持一定的土壤湿度，换盆后先置于阴处数日，以后逐渐见光
转盆	为确保植株冠幅匀称，须经常将花盆旋转位置

4.3.3.5 肥料的主要种类及使用方法

肥料类别	名称	使用方法	图片
氮肥	硫酸铵	用 1%—2% 的水溶液施入土中或用 0.3%—0.5% 溶液根外追肥	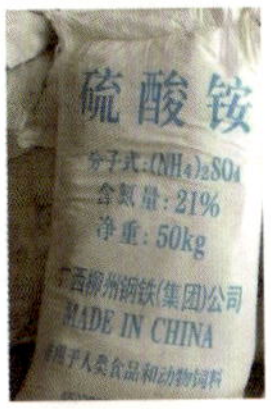
	尿　素	用 0.5%—1% 的水溶液施入土中或用 0.1%—0.3% 溶液根外追肥	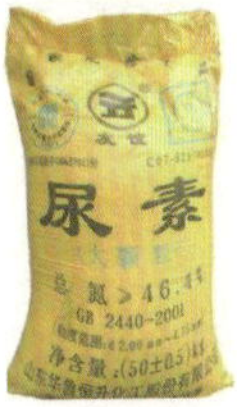
	硝酸铵	用 1% 的水溶液施入土中追肥	
	硝酸钙	用 1%—2% 的水溶液施入土中追肥	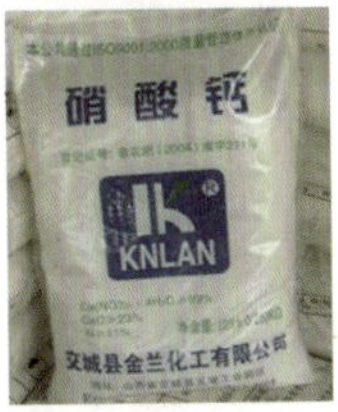
铁肥	硫酸亚铁	用 0.1%—0.5% 浓度根外追肥	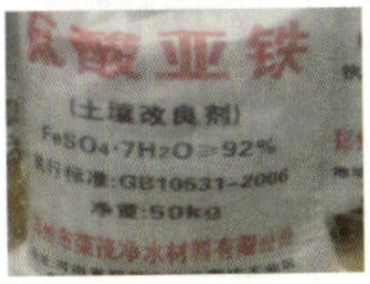
	尿　素	用 1% 的溶液施入土中或用 0.1% 的浓度根外追肥	

（续表）

肥料类别	名称	使用方法	图片
钾肥	硫酸钾	用 1%—2% 的水溶液施于土中作基肥	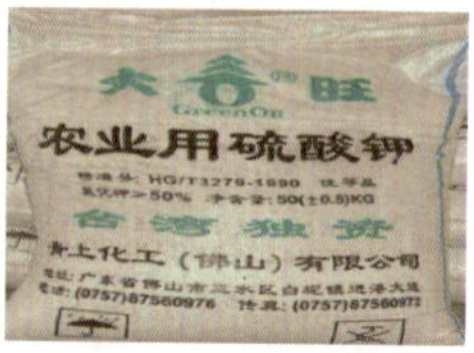
	氯化钾	用作基肥和追肥，追肥浓度为 1%—2%	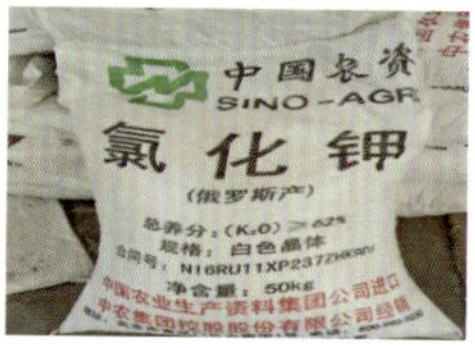
	硝酸钾	用 1%—2% 的水溶液施于土中，或 0.4% 浓度根外追肥	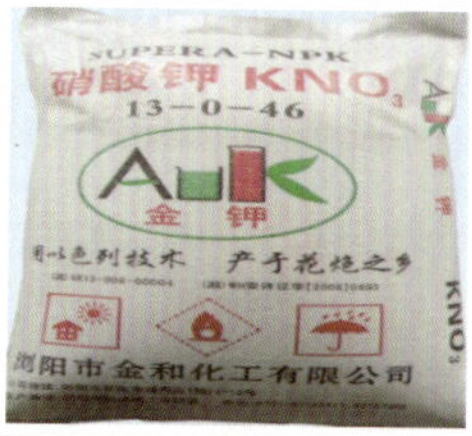
磷肥	过磷酸钙	一般作基肥，也可用 1%—2% 的水溶液施于土中或用 0.5%—1% 的溶液根外追肥	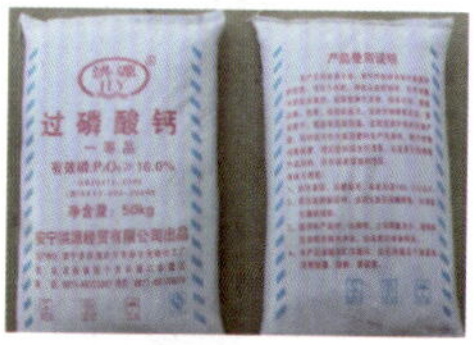
	磷酸二氢钾	一般用 0.5% 的溶液根外追肥	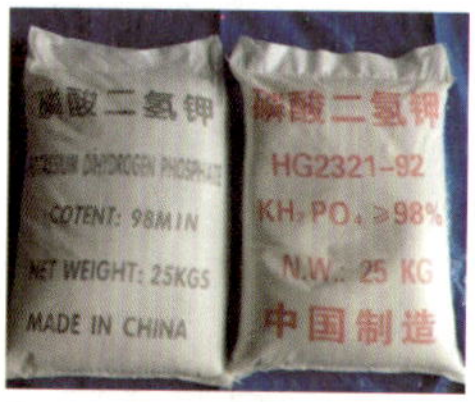
	磷酸铵	一般作基肥和追肥	

（续表）

肥料类别	名称	使用方法	图片
硼 肥	硼酸 硼砂	撒施和喷施，喷施用 0.025%—0.1% 的硼酸溶液和 0.05%—0.2% 的硼砂溶液	
锰 肥	硫酸锰	0.05%—0.1% 根外追肥	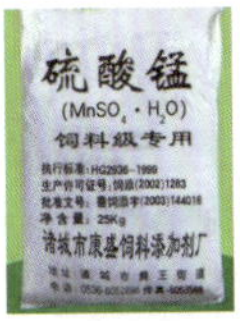
铜 肥	硫酸铜	0.01%—0.5% 根外追肥	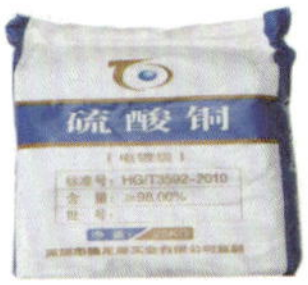
锌 肥	硫酸锌 卤化锌	0.05%—0.2% 根外追肥	
钼 肥	钼酸铵	0.01%—0.1% 根外追肥	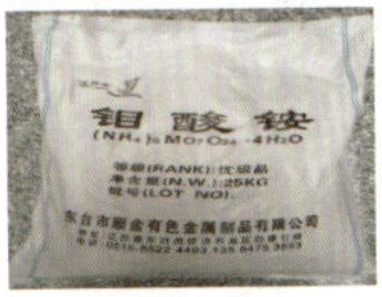
复合肥	复合肥料	追肥（必须充分溶解于水）	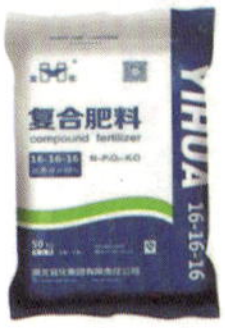
有机肥	各类植物饼肥、人畜粪等	一般做基肥，在春秋季节施用，须腐熟后使用，禁止用于室内花卉	

4.3.3.6 绿化病虫害防治方法

项目	相关要求
介壳虫	1. 冬季结合整枝修剪剪去危害较重的枝条。 2. 在若虫孵化盛期，用 25% 亚胺硫磷 800—1000 倍或杀蚧宝 1200 倍加少许洗衣粉，每周喷雾处理一次，连续三次。 3. 吹绵蚧用绿福和速扑杀混合喷洒
蚜　虫	用速扑杀或蚜虱绝、扑蚜快 1000—1500 倍喷雾，3—4 天再喷一次。
红蜘蛛	多数叶片受害时，喷洒 40% 三氯杀螨醇或金霸螨
卷叶螟	1. 人工捕捉，发现少量叶片危害，剪掉虫害枝叶。 2. 用敌杀死 / 氯氰菊酯 / 绿福 1500—1800 倍喷雾
花毛虫（毒蛾）	用 90% 敌百虫 3000—4000 倍喷雾或 50% 马拉硫磷 1000—1500 倍喷雾
椰心叶甲	1. 用椰甲必治或虫残清每株挂 3—5 包，椰甲必治无雨时应浇水将药包淋湿。 2. 5—10 月，用金甲宝或绿福兑 80% 辛硫磷 1000 倍喷雾，每周一次，连续三次。
草地螟	1. 万灵或绿福稀释 800 倍喷洒。 2. 撒施呋喃丹后浇水
白背飞虱	用除虱剂或蚜虱绝 1200—1500 倍喷雾，注意一定要喷到叶背面
蓟马	用绿福或马拉硫磷 1200—1500 倍喷雾，时间为早晚用药，间隔 4—5 天再喷药一次
叶蝉、叶跳虫	1. 刚孵化时，用万灵水或速扑杀 1200—1400 倍喷雾。 2. 成虫大量发生时，用叶蝉散或万灵 1000 倍喷雾
线　虫	用呋喃丹在翻种时施撒在土壤中
姬小蜂	1. 冬季剪掉虫害枝叶。 2. 用速扑杀、速锐杀 1200—1500 倍喷雾。 3. 基部包药
蛴螬（金龟子幼虫）	1. 撒施呋喃丹后浇水。 2. 晚上喷洒敌敌畏效果较好
尺蠖（造桥虫）	用敌百虫、万灵、绿福 1000 倍喷雾
白粉病	1. 用锈粉宁或甲基托布津 400—600 倍喷洒叶片两面。 2. 晴天用硫黄悬浮剂喷洒叶片两面
叶斑病	1. 用 50% 多菌灵可湿粉剂 500 倍喷洒，20% 甲基托布津粉剂 400—600 倍喷雾，每周一次。 2. 增施钾肥增强抗病能力

（续表）

项目	相关要求
粉锈病	1. 用硫黄悬浮剂或锈粉宁 500 倍喷雾，连续 2—3 次。 2. 清沟排水，保证土壤干燥
黄化病	1. 改良土壤，换土或多施有机肥。 2. 用硫酸亚铁混入有机肥料撒施，松土浇水
炭疽病	用 50% 甲基托布津可湿粉剂 500 倍液喷雾防治
灰霉病	1. 用 70% 代森锰锌可湿粉剂 700 倍液喷雾。 2. 土壤可用波尔多液喷洒预防

4.3.3.7 农药的主要种类及使用方法

类别	名称	防治对象	使用方法
杀虫类	蚜虱绝	介壳虫、蚜虫、飞虱	稀释 1200 倍液对叶片喷雾
	绿福	蜂蝶幼虫、叶蛾、青虫	稀释 1000 倍液对叶片喷雾
	万灵	毛虫、卷叶螟、菜青虫	稀释 1000 倍液对叶片喷雾
	速扑杀	螨虫、蚜虫、介壳虫	稀释 800 倍液对叶片喷雾
	蚧脱	介壳虫	稀释 600 倍液对叶片喷雾
	辛硫磷	蜂蝶幼虫、叶蝉、蚜虫	稀释 1000 倍液对叶片喷雾
	马拉硫磷	花毛虫（毒蛾）	稀释 1000—1200 倍液对叶片喷雾
	25% 亚胺硫磷	介壳虫若虫孵化盛期	稀释 800—1000 倍液对叶片喷雾
	三氯杀螨醇	螨虫	稀释 800—1000 倍液对叶片正反面喷雾
	杀蚧宝	介壳虫	稀释 1200 倍液对叶片喷雾
	呋喃丹	线虫、蛴螬、金龟子	结合浇水撒施
	速锐杀	姬小蜂	稀释 1200—1500 倍液对叶片喷雾
	敌百虫	尺蠖、造桥虫	稀释 1200 倍液对叶片喷雾
	椰甲清	椰心叶甲	直接将药包挂于心叶处

类别	名称	防治对象	使用方法
杀菌类	甲基托布津	叶枯病、白粉病、炭疽病	稀释 400—600 倍液喷洒于叶片正反两面
	百菌清	褐斑病、白粉病、霉污病	稀释 400—600 倍液喷洒于叶片正反两面
	50% 多菌灵可湿粉剂	叶斑病	稀释 500 倍液对叶片喷雾。
	硫黄悬浮剂	粉锈病	稀释 500 倍液对叶片做喷雾，连续 2—3 次
	硫酸亚铁	黄化病、青枯病	结合有机肥料撒施，松土浇水
	70% 代森锰锌可湿粉剂	灰霉病	稀释 700 倍液对叶片正反两面喷雾
	波尔多液	灰霉病或用于土壤消毒	稀释 500 倍液对叶片喷雾
	粉锈宁	白粉病、锈病	稀释500倍液喷洒对叶片正反两面，连续 2—3 次

4.3.4 其他工作要求及工作忌讳

无。

五、安保服务岗位培训手册

5.1 人员架构

5.2 工作区域

5.3 培训内容

5.3.1 培训目标

5.3.2 操作流程

5.3.3 业务知识

5.3.4 其他工作要求及工作忌讳

5.1 人员架构

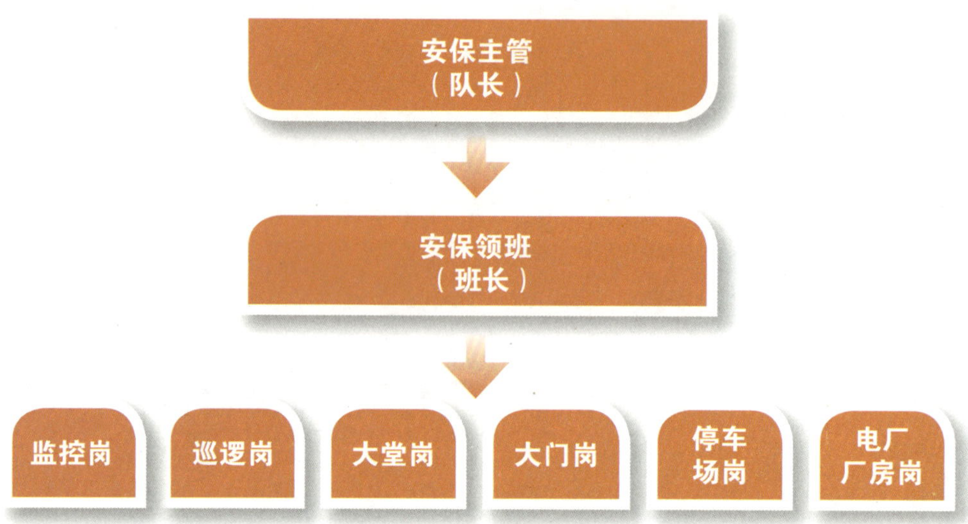

5.2 工作区域

5.3 培训内容

5.3.1 培训目标

关注重点

1. 了解上岗时礼仪礼表、言行举止的要求。
2. 记住本人的《岗位操作手册》内容，主要包括安保工作步骤和工作内容。
3. 了解并熟悉本人负责的各区域工作流程和工作标准。
4. 了解消防器材的使用方法及相关业务知识。

5.3.2 操作流程

5.3.2.1 停车场秩序管理操作指引

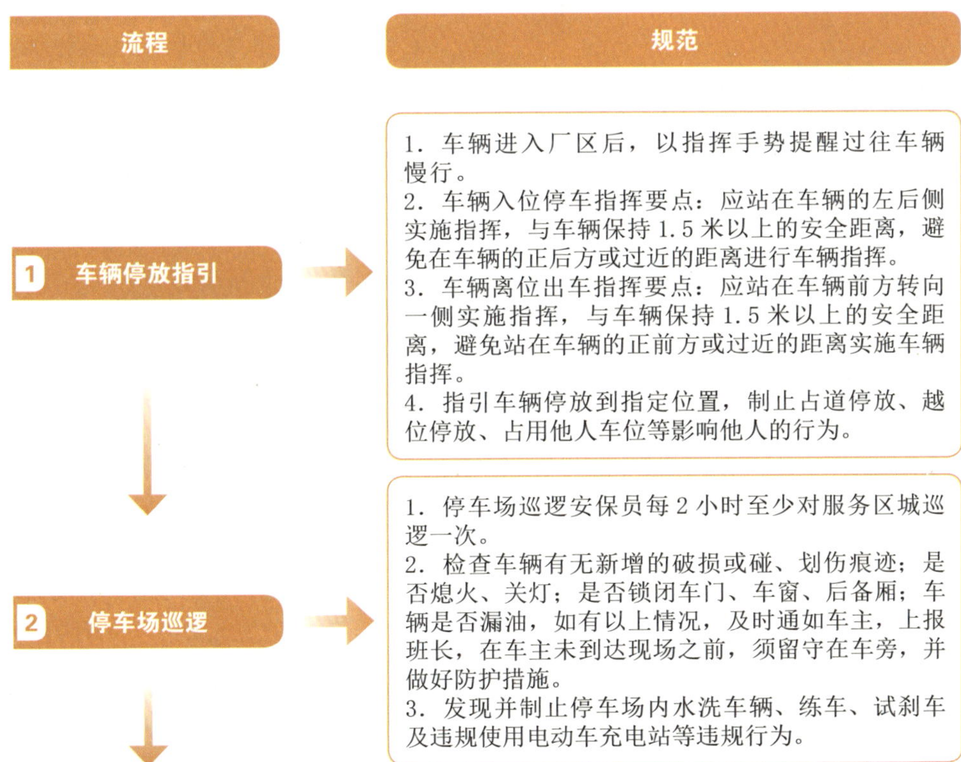

流程	规范
1 车辆停放指引	1. 车辆进入厂区后，以指挥手势提醒过往车辆慢行。 2. 车辆入位停车指挥要点：应站在车辆的左后侧实施指挥，与车辆保持1.5米以上的安全距离，避免在车辆的正后方或过近的距离进行车辆指挥。 3. 车辆离位出车指挥要点：应站在车辆前方转向一侧实施指挥，与车辆保持1.5米以上的安全距离，避免站在车辆的正前方或过近的距离实施车辆指挥。 4. 指引车辆停放到指定位置，制止占道停放、越位停放、占用他人车位等影响他人的行为。
2 停车场巡逻	1. 停车场巡逻安保员每2小时至少对服务区城巡逻一次。 2. 检查车辆有无新增的破损或碰、划伤痕迹；是否熄火、关灯；是否锁闭车门、车窗、后备厢；车辆是否漏油，如有以上情况，及时通知车主，上报班长，在车主未到达现场之前，须留守在车旁，并做好防护措施。 3. 发现并制止停车场内水洗车辆、练车、试刹车及违规使用电动车充电站等违规行为。

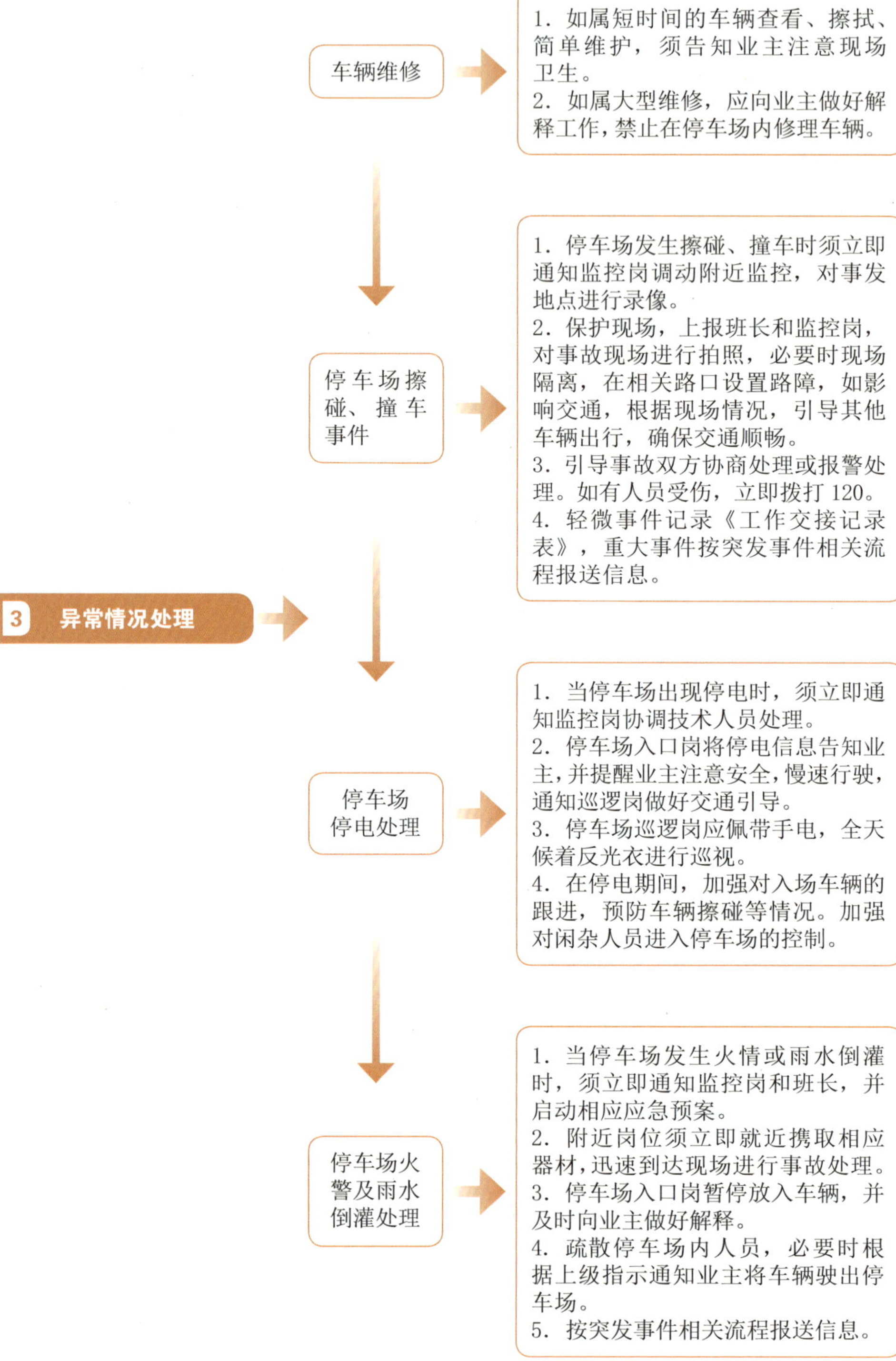

3 异常情况处理
车辆维修
1．如属短时间的车辆查看、擦拭、简单维护，须告知业主注意现场卫生。
2．如属大型维修，应向业主做好解释工作，禁止在停车场内修理车辆。
停车场擦碰、撞车事件
1．停车场发生擦碰、撞车时须立即通知监控岗调动附近监控，对事发地点进行录像。
2．保护现场，上报班长和监控岗，对事故现场进行拍照，必要时现场隔离，在相关路口设置路障，如影响交通，根据现场情况，引导其他车辆出行，确保交通顺畅。
3．引导事故双方协商处理或报警处理。如有人员受伤，立即拨打120。
4．轻微事件记录《工作交接记录表》，重大事件按突发事件相关流程报送信息。
停车场停电处理
1．当停车场出现停电时，须立即通知监控岗协调技术人员处理。
2．停车场入口岗将停电信息告知业主，并提醒业主注意安全，慢速行驶，通知巡逻岗做好交通引导。
3．停车场巡逻岗应佩带手电，全天候着反光衣进行巡视。
4．在停电期间，加强对入场车辆的跟进，预防车辆擦碰等情况。加强对闲杂人员进入停车场的控制。
停车场火警及雨水倒灌处理
1．当停车场发生火情或雨水倒灌时，须立即通知监控岗和班长，并启动相应应急预案。
2．附近岗位须立即就近携取相应器材，迅速到达现场进行事故处理。
3．停车场入口岗暂停放入车辆，并及时向业主做好解释。
4．疏散停车场内人员，必要时根据上级指示通知业主将车辆驶出停车场。
5．按突发事件相关流程报送信息。

5.3.2.2 外来人员出入管控操作指引

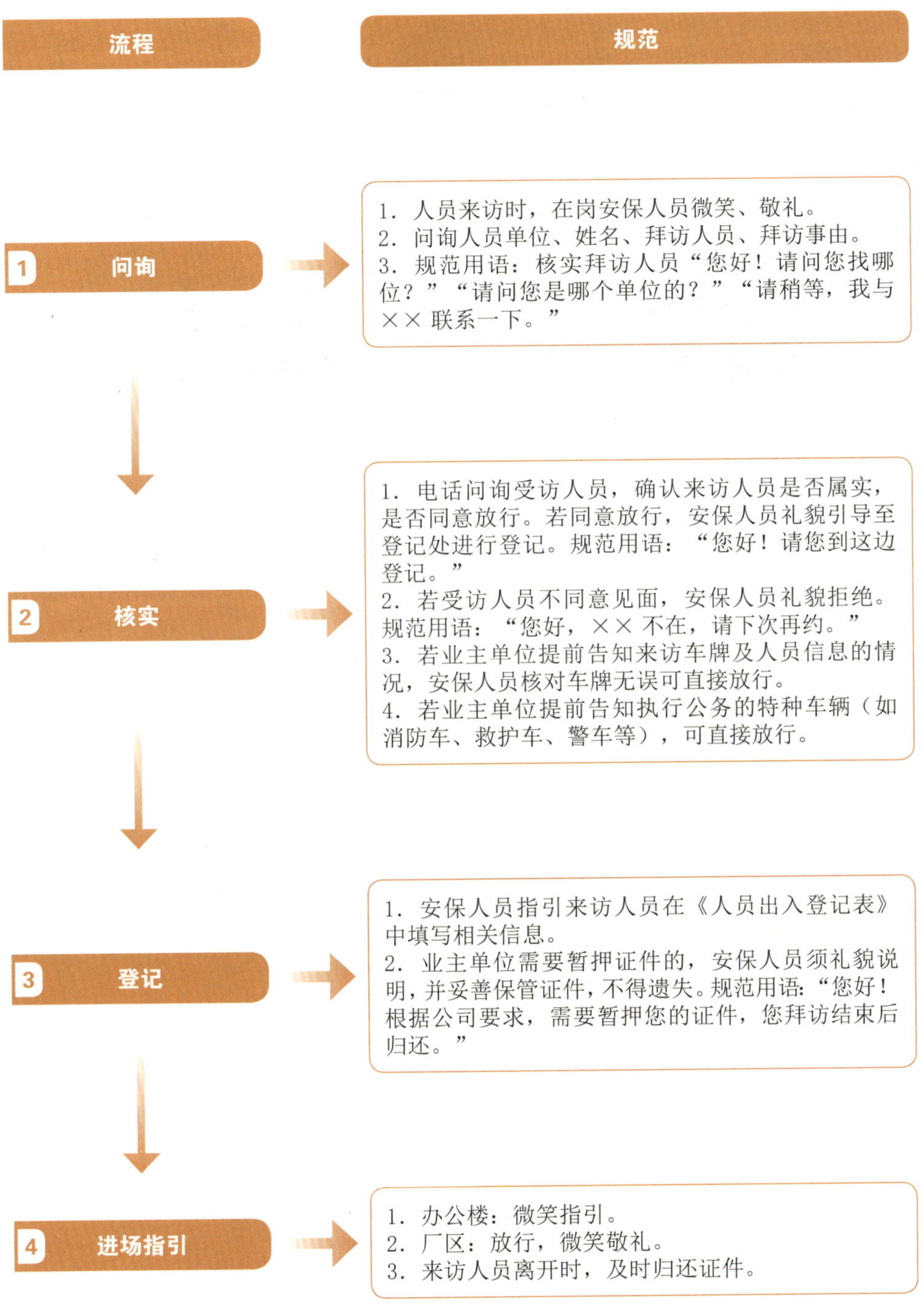

树立“第一卫士”形象，热情、礼貌接待每一位业主

外来人员经业主确认方可进入

外来人员实施核实、登记管理制度

5.3.2.3 物品放行操作指引

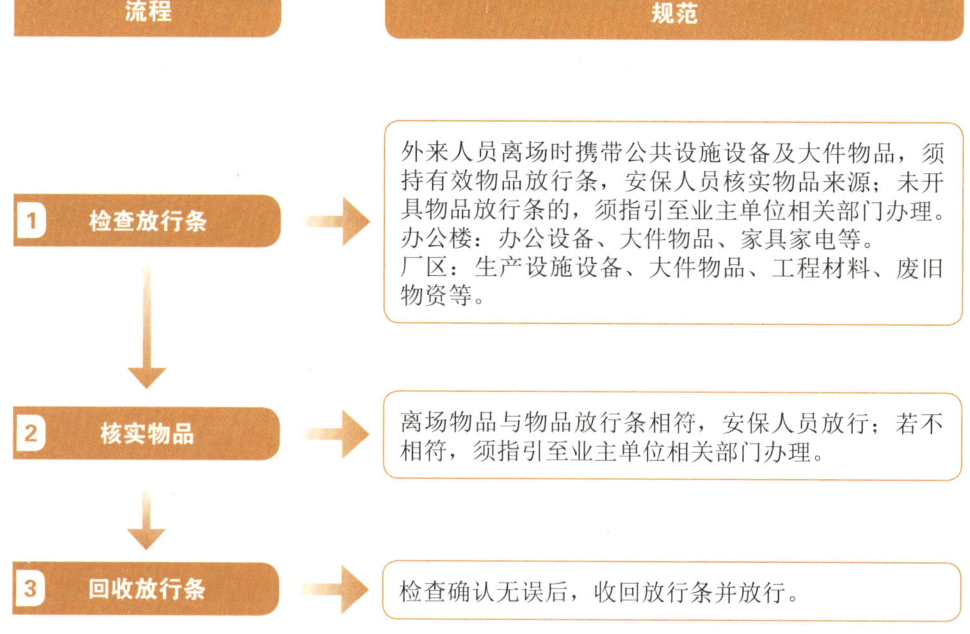

5.3.2.4 电厂厂房巡逻操作流程

流程	规范
1 管理要求	1. 安保员在开始工作前必须经过业主单位安保部门组织的安全学习和运行部专业的培训，取得认可后方可开展相关工作。 2. 安保员按业主单位安全管理规定检查出入人员工作证件，无证件或无关人员，禁止进入厂房内。 3. 对于外来承包商、参观者，应检查是否具备相应的证件，并履行相关询问登记制度。 4. 符合要求的人员须佩戴安全帽进入业主单位厂房作业，进入厂房参观人员必须有相关人员带队，进行登记后方可进入参观。 5. 安保员对进入厂房工作的车辆及外来车辆停放进行交通指挥，车辆不得随意摆放，回车场内禁止停放任何车辆，有货车载设备出厂房时须按照要求进行检查，核对无误后方可放行。 6. 安保员在值班巡查过程中发现发电机组及重要部位存在漏水、漏油、异常响声等不安全苗头事故时应及时上报业主单位监控岗处理，有效保障厂房机组正常运行。 7. 加强与业主单位生产部门沟通，并定期对厂房值班人员进行相关业务培训，提高值班人员的相关业务技能和安全知识，在巡查过程中应注意安全，不触碰厂房任何设施设备，防止发生事故。 8. 安保员应保证按甲方提供的巡查线路及工作频率保质、保量完成工作。 9. 安保员在巡查过程中发现设备异常应及时向业主单位运行部门汇报，不得延误。 10. 负责管理范围内的消防器材（灭火器、呼吸器、消防栓等）按规定的内容定期进行检查。 11. 每月对灭火器、消防栓、消防箱、水带等消防设施例行检查维护一次。
2 巡逻内容	1. 厂房按要求严格执行 24 小时值班制度，分三班，每班 2 人。按业主单位制定的设备巡检路线，每值设备巡检不得少于两次。 2. 卡口处设值班岗，两人按规定路线和巡查周期交替巡查厂房。安保员每两小时巡查一次，区域主要有主厂房、母线洞、主变廊道各室、启动母线廊道、SFC 室、洞内 GIS 室、副厂房、#3、#4、#5 支洞、尾闸室、500 千伏高压电缆洞（厂房地下 GIS 侧）、电缆夹层等。

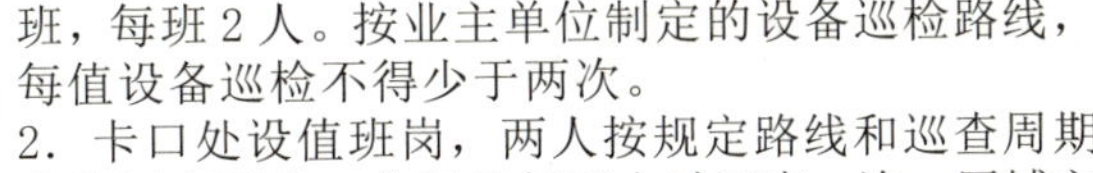

3 巡检路线

1．参考路线：主变洞配电室→#4 主变—#3 主变→#2 主变—# 1 主变→18 千伏厂高变→SFC 升降压变室→#1 主变高压侧 GIS→A 厂高压电缆与 GIS 连接处→启动母线隔离刀闸→#3#4 主变高压侧 GIS→尾闸室→#1 机尾闸→#2 机尾闸→尾闸动力盘 #3 机组尾闸→#4 机尾闸→尾闸管子廊道→主厂房一层→#1 机蜗壳层巡检→#2 机蜗壳层巡检→消防环管取水系统→#3 机蜗壳层巡检→#4 机蜗壳层巡检→主厂房二层→#4 水轮机层巡检→#3 水轮机层巡检→#2 水轮机层巡检→#1 水轮机层巡检→空压机室巡检→冷水机室巡检→主厂房三层→10 千伏 /400 伏变压器室巡检→直流屏室→直流蓄电池室→事故照明配电盘→照明配电盘→#1 交 / 直流注油泵→#2 交 / 直流注油泵→机组 CO_2 系统→#3 交 / 直流注油泵→检修照明配电盘→厂房公用配电盘→#4 交直流注油泵→#4 支洞通风系统巡检→#4 机母线洞→#3 机母线洞→#3 机母线洞→#1 机母线洞→主厂房四层→公用 400 伏配电室→厂用电 10 千伏室→直流系统配电盘室→厂用电公用 LCU 盘柜→SFC 控制盘柜巡检→#1 机机旁盘柜（励磁、主变保护、机组保护、调速器控制柜、LCU 柜）→#1 机机旁盘柜（励磁、主变保护、机组保护、调速器控制柜、LCU 柜）→#2 机机旁盘柜（励磁、主变保护、机组保护、调速器控制柜、LCU 柜）→#3 机机旁盘柜（励磁、主变保护、机组保护、调速器控制柜、LCU 柜）→#4 机机旁盘柜（励磁、主变保护 机组保护、调速器控制柜、LCU 柜）→#4 机机旁盘柜→#3 机机旁盘柜→#2 机机旁盘柜→#1 机机旁盘柜→副厂房七楼→七楼通风空调系统巡检→结束。

2．遵循业主单位相关合同条款要求执行。

5.3.2.5 消防检查操作流程

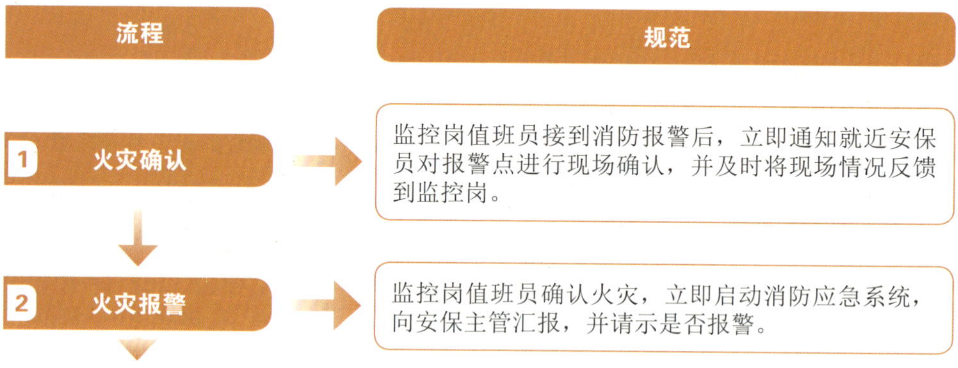

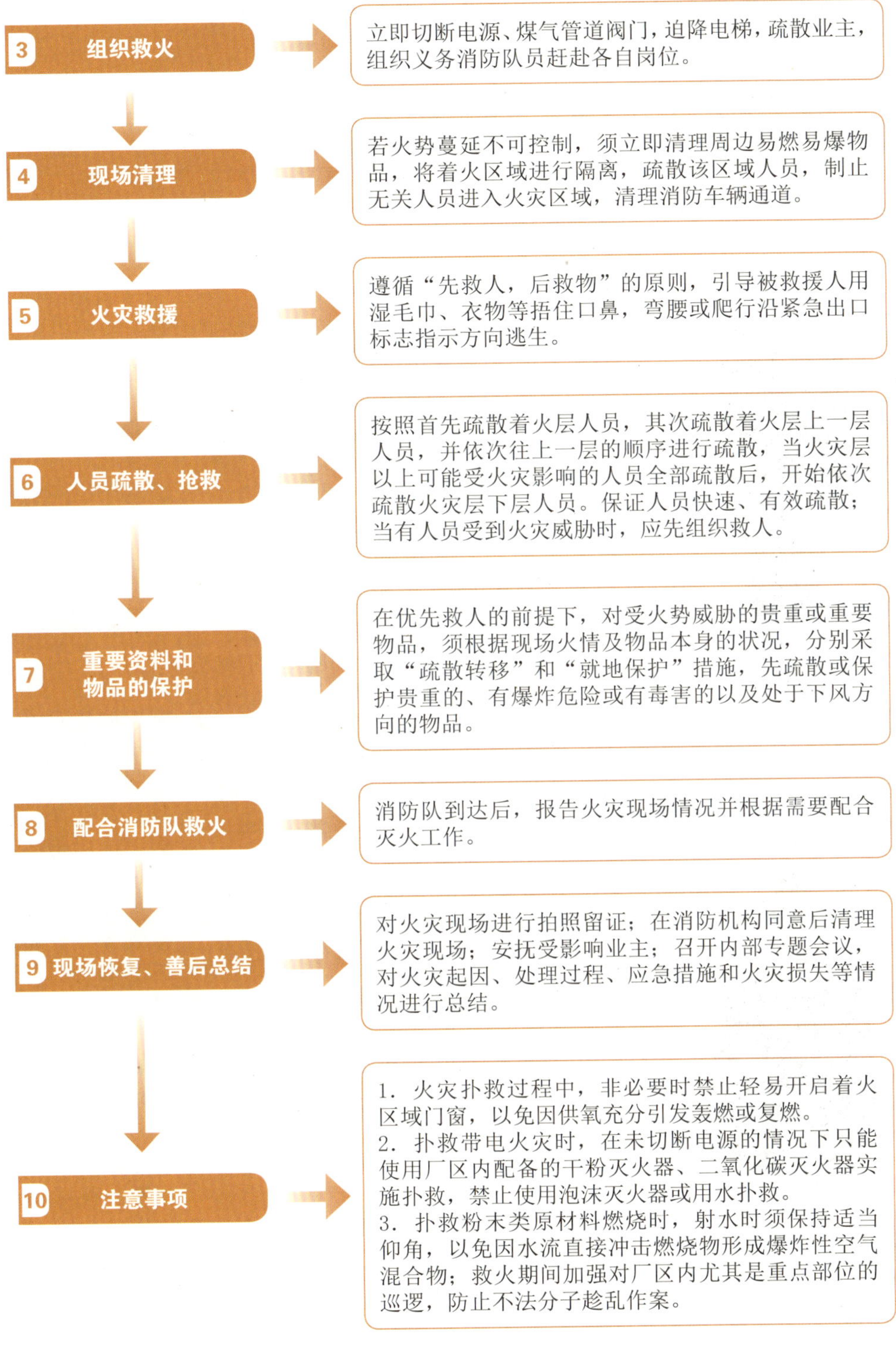
3 组织救火
立即切断电源、煤气管道阀门，迫降电梯，疏散业主，组织义务消防队员赶赴各自岗位。
4 现场清理
若火势蔓延不可控制，须立即清理周边易燃易爆物品，将着火区域进行隔离，疏散该区域人员，制止无关人员进入火灾区域，清理消防车辆通道。
5 火灾救援
遵循“先救人，后救物”的原则，引导被救援人用湿毛巾、衣物等捂住口鼻，弯腰或爬行沿紧急出口标志指示方向逃生。
6 人员疏散、抢救
按照首先疏散着火层人员，其次疏散着火层上一层人员，并依次往上一层的顺序进行疏散，当火灾层以上可能受火灾影响的人员全部疏散后，开始依次疏散火灾层下层人员。保证人员快速、有效疏散；当有人员受到火灾威胁时，应先组织救人。
7 重要资料和物品的保护
在优先救人的前提下，对受火势威胁的贵重或重要物品，须根据现场火情及物品本身的状况，分别采取“疏散转移”和“就地保护”措施，先疏散或保护贵重的、有爆炸危险或有毒害的以及处于下风方向的物品。
8 配合消防队救火
消防队到达后，报告火灾现场情况并根据需要配合灭火工作。
9 现场恢复、善后总结
对火灾现场进行拍照留证；在消防机构同意后清理火灾现场；安抚受影响业主；召开内部专题会议，对火灾起因、处理过程、应急措施和火灾损失等情况进行总结。
10 注意事项
1. 火灾扑救过程中，非必要时禁止轻易开启着火区域门窗，以免因供氧充分引发轰燃或复燃。
2. 扑救带电火灾时，在未切断电源的情况下只能使用厂区内配备的干粉灭火器、二氧化碳灭火器实施扑救，禁止使用泡沫灭火器或用水扑救。
3. 扑救粉末类原材料燃烧时，射水时须保持适当仰角，以免因水流直接冲击燃烧物形成爆炸性空气混合物；救火期间加强对厂区内尤其是重点部位的巡逻，防止不法分子趁乱作案。

5.3.3 业务知识

5.3.3.1 仪容仪表

参考图示	内容和要求	禁忌事项
	**整体要求：** 1. 自然大方得体，精神奕奕，充满活力，整齐清洁。 2. 注意个人卫生，身体、面部、手部保持清洁，勤洗澡，无体味。 **头发：** 1. 保持头发清洁，梳理整齐，无头皮屑，无杂物，不染发。 2. 男员工前发不过眉，侧发不盖耳，后发不触后衣领。 面容：脸、颈及耳朵保持干净。 **着装：** 1. 工作时间穿着本岗位最新款制服，制服保持干净、整洁、平整，纽扣、挂钩齐全扣好，衣袋内不放置物品。 2. 衣裤口袋平整，裤子裤线清晰，长及鞋面。 3. 男员工西装制服第一颗纽扣须扣上，领带长度以领带尖盖住皮带扣为宜，领带夹夹在衬衣自上而下第四颗扣子处。 **工牌：** 保持工牌清洁、端正，工作时间须将工牌统一按规范佩带，佩戴在左胸显眼处，挂绳式工牌应正面向上挂在胸前，并位于身体正中。 **鞋袜：** 工作时间应着未露脚趾、脚跟的鞋，男员工须穿黑色或深色皮鞋，鞋面、鞋底与鞋侧保持清洁。 **饰物：** 工作时间除手表和婚戒外，禁止佩戴其他饰物。 **手：** 手掌、指甲保持干净、整洁，指甲长不超过指尖2毫米	1. 精神不振、衣冠不整，身体或口腔有异味。 2. 染发；刘海遮住眉毛，发梢遮住脸；剃光头。 3. 留胡须，鼻毛外露。 4. 制服有异味、明显污迹、皱痕、破损、掉扣，混季搭配，擅自改变制服的穿着形式，外露出个人物品，口袋装过多物品；披衣、挽袖、敞胸、赤脚、穿拖鞋、戴歪帽或将帽子拿在手上；非当值时间着制服；帽子佩戴歪斜，佩戴其他饰物。 5. 穿凉鞋、拖鞋，鞋跟钉金属掌；鞋袜有破损。 6. 涂有色指甲油、指甲过长

5.3.3.2 行为规范及交通手势

参考图示	内容和要求	禁忌事项
	整体要求： 1．姿态端正、自然大方。 2．工作中做到“走路轻、说话慢、操作稳”，尽量不发出物品相互碰撞的声音	1．上班前吃异味食物，饮酒。 2．在工作场所内吸烟、饮酒。 3．当业主面或在公共场所整理仪容仪表。 4．语速快，音量过大或过小。动作大，操作发出噪音
	站姿： 1．抬头，挺胸，含颌，夹肩，收腹，提臀。 2．男员工脚跟靠拢对齐，脚尖外分60°，头正，下颌微收，双肩稍向后放平，梗颈，挺胸、收腹、直腰，面带微笑，两肩平，稍后张，身体微微向前倾，两臂自然向下垂，手指并拢自然屈，拇指尖贴食指第二节，中指贴于裤缝边	双手交叉抱胸或双手插兜，歪头驼背，倚壁靠墙、东倒西歪，手里拿与工作不相干的物品
	跨立： 1．左脚向左跨出与肩同宽，两腿挺直，上身保持立正姿势，身体重心落于两脚之间。 2．两手后背，左手握右手腕，拇指根部与外腰带下沿（内腰带上沿）同高，右手指并拢自然弯曲，手心向后	背手或大稍息
	蹲姿： 1．一脚在前，一脚在后，两腿弯曲向下蹲。 2．前脚全着地，小腿基本垂直于地面，后脚跟提起，脚掌着地，臀部向下	弯腰塌背或头部下垂

（续表）

参考图示	内容和要求	禁忌事项
	**坐姿：** 上身应保持挺立姿势，男士两腿自然并拢或分开与肩同宽，女士脚后跟和膝盖并拢，手势自然	1. 盘腿，脱鞋，头上扬或下垂，背前俯后仰，腿搭座椅扶手。 2. 架二郎腿，腿脚抖动，趴在台面上或用手撑头。 3. 前俯后仰、半躺半坐斜靠在椅背上或把脚翘放在工作台上
	**敬礼：** 1. 车辆进入或离开厂区时，遇参观来访宾客时须面向业主敬礼。 2. 固定岗与受礼者距离 5—7 步时，转体面向受礼者敬礼；巡逻岗在遇受礼者迎面走来时，在与受礼者距离 10 步时停步，靠近路边，转体面向受礼者，在距离 5—7 步时敬礼。 3. 敬礼时，上身保持笔直，五指并拢自然伸直，右手大臂带动小臂迅速抬起，大臂与肩略平，中指微接太阳穴，手心向下微向外张，手臂与手掌呈一直线，头部保持不动，目视受礼者，敬礼完成后停留 2 秒自行放下，在礼毕的同时进行问好	敬礼过程中同时鞠躬或弯腰打招呼
	**行走：** 1. 抬头、挺胸、收腹，目视前方，面带微笑，行走时双肩平稳，挺直腰杆，摆臂自然，脚步利落轻稳。 2. 工作中行走一般靠右行，与业主相遇时要稍停步，侧身立于右侧，点头微笑，主动让路。 3. 与业主同时进出门（厅、楼梯、电梯）时，应注意礼让业主先行，有急事要超越业主，应先在口头致歉“对不起”，然后再加紧步伐超越。 4. 手拉货物行走时，勿挡住视线。 5. 在厂区内列队行走，三人成列、两人成行	1. 走幅过大，手脚不协调，步子过大、过小或声响过大，手插在裤兜或衣兜里。 2. 走过道中间，与业主抢道并行，工作场合内奔跑跳跃，边走边吃东西。 3. 将手放入口袋与他人勾肩搭背、嬉戏打闹、大声喧哗。 4. 有影响业主通行、正常活动的行为举止

（续表）

参考图示	内容和要求	禁忌事项
	**引导：** 1. 引导业主时，应保持在业主前方2—3步的距离，与业主大约呈130°的角度，步伐与业主一致。 2. 引导业主上楼梯时，让业主走在前；下楼梯，让业主走在后。 3. 引导业主乘电梯时应自己先进，然后用手按住电梯的停止键，待客人进入后再按下某个楼层；出电梯时让业主先出，用手按住停止键，待客人出电梯后自己再出	用手指或使用工具戳点
	**递送物品：** 1. 尊重对方，双目注视对方，双手递物或接物。 2. 递尖利的物品时，须将尖端朝向自己握在手中，不得指向对方。 3. 递交文件、名片或图书，使文字正面朝着对方，不可倒置	弯腰塌背或头部下垂
	**开门：** 1. 向外开门时，打开门后拉住门把手，侧身站在门旁，并说："您好！请进。"进门后，用右手将门轻轻关上。 2. 向内开门时，自己先推门进入，侧身拉住门把手，并说："您好！请进。" 进门后，用右手将门轻轻关上	开关门力度过大
	**送客：** 1. 送客时应主动为业主开门，并说："请慢走。"待业主走出门后，再轻轻把门关上。 2. 可在大堂门岗外与业主道别，如电梯（楼梯）口、大门口、停车场等，并目送业主离开后再返回	

（续表）

参考图示	内容和要求	禁忌事项
	**微笑：** 1. 对业主，无论何时都应面带笑容、和颜悦色，热情主动，微笑应贯穿礼仪行为的整个过程。 2. 微笑打招呼，眼睛应正视对方，并接受对方的目光，自然大方、真实亲切。 3. 微笑时结合语言和肢体动作：点头、15°鞠躬，说“早上好”“您好”“下午好”“再见”等	
	**停车手势：** 左臂向上直伸，手掌向前，示意前方车辆停止前进	
	**车辆直行手势：** 左臂向左平伸，手掌向前，准许右方直行的车辆通行；右臂向右平伸，手掌向前，准许左方直行的车辆通行	软弱无力、动作失衡
	**靠边停车手势：** 左臂向前上方平伸，掌心向前；右臂向前下方平伸；右臂向左水平摆动，示意车辆靠边停车	
	**左转弯手势：** 右臂向前平伸，掌心向前；左臂与手掌平直向右前方摆动，掌心向右，准许车辆左转弯，在不妨碍被放行车辆通行的情况下可以掉头	
	**右转弯手势：** 左臂向前平伸，掌心向前；右臂与手掌平直向左前方摆动，准许右方的车辆右转弯	

5.3.3.3 消防管理要求

项目	参考图示	内容和要求
消防栓		1. 栓门：确保把手完好，栓门完好，开关无卡阻，锁、玻璃无损坏。 2. 门内：确保水带、指示灯、报警按钮、警铃、消防锤等齐全，无脱落
防火门		确保门开合及闭门器正常
应急灯		1. 检查应急灯数量，确保齐全。 2. 检查电源插头，确保连接完好，断电状态下能正常启用
灭火器		1. 确保按国家规定标准进行配置。 2. 确保置于通风、干燥、清洁的地点，不受烈日的暴晒，不接触热源或剧烈震动，悬挂地点环境适宜温度为10—55℃。 3. 确保压力表指针在绿色区域；铅封完好（一经开放，须按规定再充装，并做密封试验，重新铅封）。 4. 确保喷嘴和喷射管无堵塞、腐蚀损坏等现象，刚性连接式喷筒绕其轴线回转，并可任意停留，推车式灭火器的行车结构灵活，有检验标志
防火服、头盔、消防靴		1. 只用于训练和火场扑救，禁止他用。 2. 防火服应干净整洁保存于指定地点；使用过后，洗刷干净，晾干后折叠保存于指定地点。 3. 不能将头盔拽动或垫坐，帽壳损坏时须及时申购调换。 4. 按照简洁、方便、易取的原则统一放置，便于紧急情况下或演练时使用

（续表）

项目	参考图示	内容和要求
安全绳、安全带、安全钩		1．使用时应先测试安全绳的静电负荷，检查其牢固性，确认无任何断裂现象，方可使用。 2．使用安全钩时应先检查各部件的动作是否灵活，做负重测试，发现问题停止使用。 3．安全带要端正清洁，半圆环、大方扣等活动部件要转动灵活。出现破损、灼伤、恶化、磨损及变形时，不能用于高空作业。 4．平时须刷洗干净，晾干后统一放置在指定位置
水带（含接口）、水枪		1．合理配置于生产办公楼宇楼层的消防栓（箱）和方便取用的地点。 2．只用于训练和火场供水，禁止他用。 3．水带使用后保持清洁、整齐，清洗晾干后卷放在原存放地点。 4．水带接口相互连接时，确保灵活、松紧适度、连接可靠，加压时不能自行脱开。 5．平时训练用水带（水枪）时，应小心轻放，防止水带接口、水枪震动甩打造成破损。 6．注意防潮，防震，防腐蚀、发霉、腐烂、破损、生锈，水带、水枪须置于通风干燥的地方，每季度进行一次全面检查
消防斧、消防腰斧		1．用于火场破拆。 2．消防斧应注意保养，防止生锈、潮湿，存放于消防器材柜内。 3．消防腰斧有变形、裂缝或橡胶柄套损坏时，应停止使用
应急通信		1．用于火警报警，保证通话质量。 2．须经常擦拭，防积尘、防污垢、防线路破损。 3．测试消防广播效果良好

5.3.4 其他工作要求及工作忌讳

5.3.4.1 消防应急演练相关要求

项目	内容和要求
演练准备	1. 消防演练须至少提前一周书面通知业主单位，尽量不影响业主的正常工作。 2. 安保主管（队长）根据演练需要，协同相关人员检查相关设施、设备的运行情况
频次	消防应急演练每年至少举行两次，演练按接警、出动、指挥、分工配合及临时处理等综合动作演练，检验是否符合应急预案要求
演练要求	1. 演练前必须做到有计划、有步骤、有组织，做到演练人员明确演练任务、方法和要求等。 2. 进行实战应急演练时，落实有关人员职责，确保保障措施的有效执行。 3. 要求义务消防队（专 / 兼职消防员）关键岗位队员参加消防应急演练。 4. 消防演练现场做好消防知识宣讲，并组织业主单位人员参与消防演练。 5. 消防演练现场须安排专人拍照 / 摄像，影像资料与消防演练文档一同保存
结果评估	1. 实施过程是否按照既定程序完成。 2. 是否出现意外情况。 3. 是否按照应急预案要求进行。 4. 总体效果是否满足应急响应的要求。 5. 各项硬件是否满足要求
总结分析	对演练过程中出现的问题进行原因分析，并制定纠正预防措施

5.3.4.2 突发及紧急事件处理指引

项目	内容和要求
车辆冲岗	1. 发现车辆冲岗的风险时，应立即通知监控岗，将监控镜头对准发生地点进行录像，同时通知相邻岗位和安保主管（队长）赶赴现场处理。 2. 有车辆冲岗时，立即向监控岗汇报冲岗车辆的基本情况，包括：车牌、品名、车身颜色、驾驶人基本体征等，维护现场秩序，并留意冲岗车辆的驶离方向。 3. 监控岗当值安保员向安保主管（队长）汇报并请示是否报警。 4. 车辆冲岗后，监控岗应立即启动相应预案，并与相关安保岗位形成联防联控，现场安保员在阻止车辆冲岗过程中，须采取必要的自我保护措施

（续表）

项目	内容和要求
车辆丢失	1. 发现或接到车辆丢失信息后，立即与监控岗取得联系，监控岗当值安保员向安保主管（队长）汇报并请示是否立即报警。 2. 监控岗当值安保员通知各岗位加强出入口控制，同时核查该车相关资料和记录，查明进出场时间，将该车所有资料及停车场记录进行封存。 3. 巡逻岗对停车场，特别是丢失车辆的原停放点进行仔细巡查，寻找现场证据，做好保护。 4. 对车主进行安抚，协助警方进行调查，引导车主向保险公司报赔
电梯困人	1. 发生电梯困人事件时，监控岗当值安保员上报安保主管（队长），同时通过电梯对讲系统安抚被困人员，提示其不要翻越轿厢或强拉轿厢门，耐心留在轿厢内等候救援。 2. 工程维修部门人员接报后立即赶赴现场，并第一时间通知电梯维保公司前来抢修。 3. 如电梯维保公司无法解救或在短时间内解救不了，应视情况向消防部门求助。 4. 被困人员救出后，如有不适，先用应急药品进行救助，如情况严重，拨打 120 急救或送医院处理。 5. 对被救出人员做好安抚工作
蛇咬伤 应急处理	1. 发现或收到被蛇咬伤的情况，立即向安保主管（队长）报告，告知蛇的种类或颜色特征，并拨打 120 急救电话。 2. 在 120 急救车到来之前可采取以下应急处理方法。 2.1 绑扎法：在被蛇咬伤后，立即用布条类、手巾或绷带等物，在伤肢近心侧 5—10 厘米处或在伤指（趾）根部予以绑扎，以减少静脉及淋巴液的回流，从而达到暂时阻止蛇毒扩散的目的。 2.2 冲洗伤口：立即选用清水、盐水、肥皂水或 0.1% 高锰酸钾溶液冲洗，以清除黏附的毒液，如伤口有毒牙残留，应及时挑出。 2.3 做好被咬伤人员的安抚工作，防止情绪波动过于激烈而影响救治。 3. 安排专人在相应区域出入口接应救护车
中暑 应急处理	1. 发现或收到人员中暑情况时，立即向安保主管（队长）报告，需要时拨打 120 急救电话。 2. 将中暑者转移到通风、阴凉、干燥的地方，使其仰卧，松开中暑者的衣领，为中暑者扇凉。 3. 如中暑者意识清醒，可以给其服用绿豆汤、淡盐水等解暑饮食或服用藿香正气水、十滴水等解暑药物。 4. 昏迷者可按人中等人体穴位，严重者须迅速送往医院进行救治

（续表）

项目	内容和要求
台风、暴雨、暴雪等恶劣天气	1．接到台风、暴雨、冰雹、暴雪等恶劣天气预报信息，做好防范准备工作并向业主发出通知，提示业主做好防范工作。 2．准备防洪沙袋、雨衣、雨靴、铁锹、手电、应急潜水泵等应急物资；安保人员加强巡视，尤其是地下室、天台、楼内门窗、地面停车场等重点部位的巡视，发现排水不畅或未关闭等情况，立即上报业主整改或上报安保主管（队长）。 3．工程维修部门加强公共区域设施设备及设备房的巡视，发现隐患立即进行排除或相应的处理并做好应急准备。 4．保洁部门加强排水排污管道的检查，发现有杂物未清理干净，立即进行清理。 5．物业负责人负责通知存在安全隐患的业主等事宜。 6．恶劣天气来临时，各部门须紧密配合做好巡视工作，发现排水不畅、积水、水淹等情况立即进行处理，防止设备房、配电室、电梯轿厢、档案室、地下室、地下厂房、停车场等发生水浸事件。 7．恶劣天气过后，工程维修部门维修（护）、调试损坏的设施设备，疏通、维修堵塞、毁坏的管道；保洁部门负责清理卫生、积水、积雪、淤泥等；安保部门协助、配合其他部门处理安全隐患等善后工作，并对有危害安全的地点做好警戒标示；物业负责人负责收集造成的事故或损失，如有财产损失须协助业主单位报保险公司
人员闹事行为	1．安保部人员在服务区域内受到人身攻击或伤害时，当值安保员首先应当避让，同时警告当事人，退至有监控录像探头区域后，通知监控岗录像取证，并呼叫相邻岗位支援。 2．监控岗当值安保员迅速上报安保主管（队长）并请示是否报警。 3．当人身伤害已经发生时，利用周边环境或人群组织搜集并保留相关证据（人、物、证），配合派出所处理，维护员工合法权益

六、工程服务岗位培训手册

6.1 人员架构

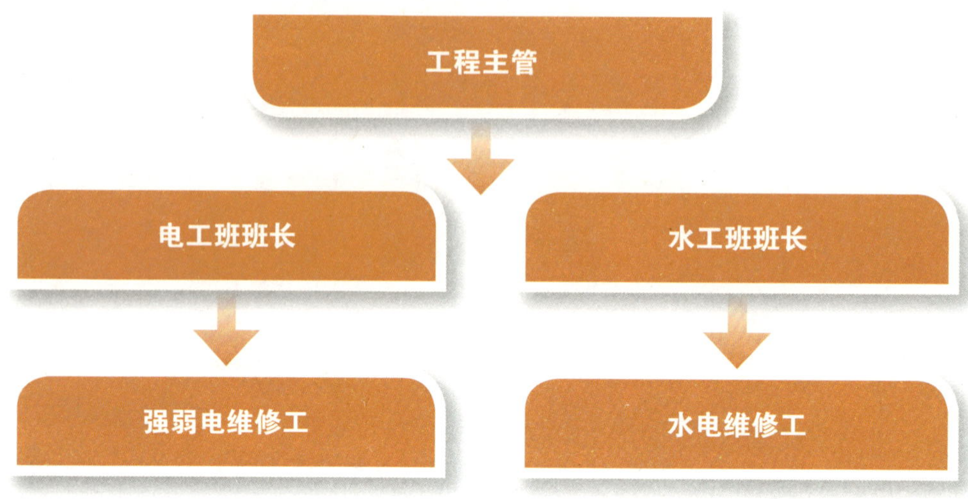

6.2 工作区域

6.3 培训内容

6.3.1 培训目标

关注重点

1. 了解上岗时礼仪礼表、行为规范的要求。
2. 记住本人的《岗位操作手册》内容，主要包括工作步骤、工作内容、工作标准及禁忌事项。
3. 了解并熟悉本人负责的工作区域维护检修设备设施的正确使用方法。
4. 了解相关业务知识。
5. 了解相关工作特殊要求（按需）。

6.3.2 操作流程

6.3.2.1 工程维修服务流程

6.3.2.1.1 工程维修派单服务流程

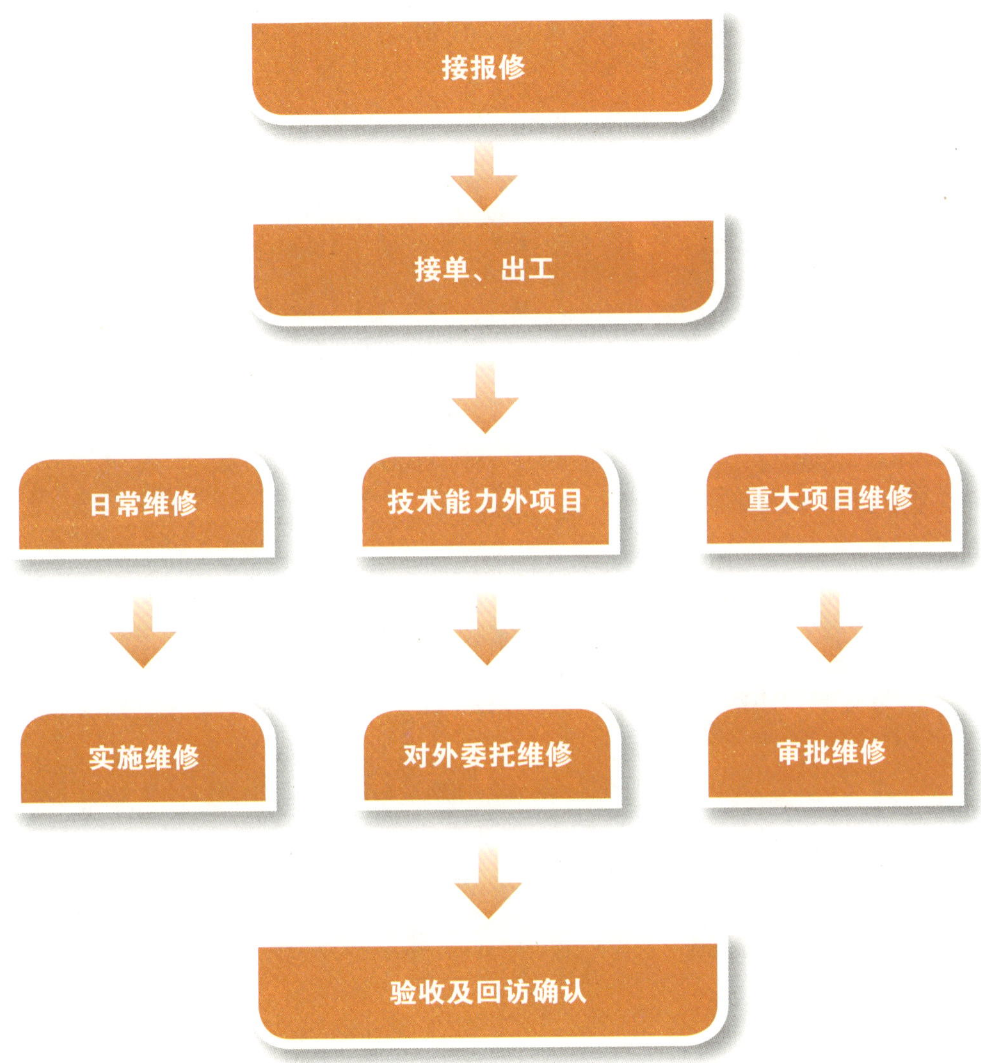

6.3.2.1.2 上门维修工作服务流程

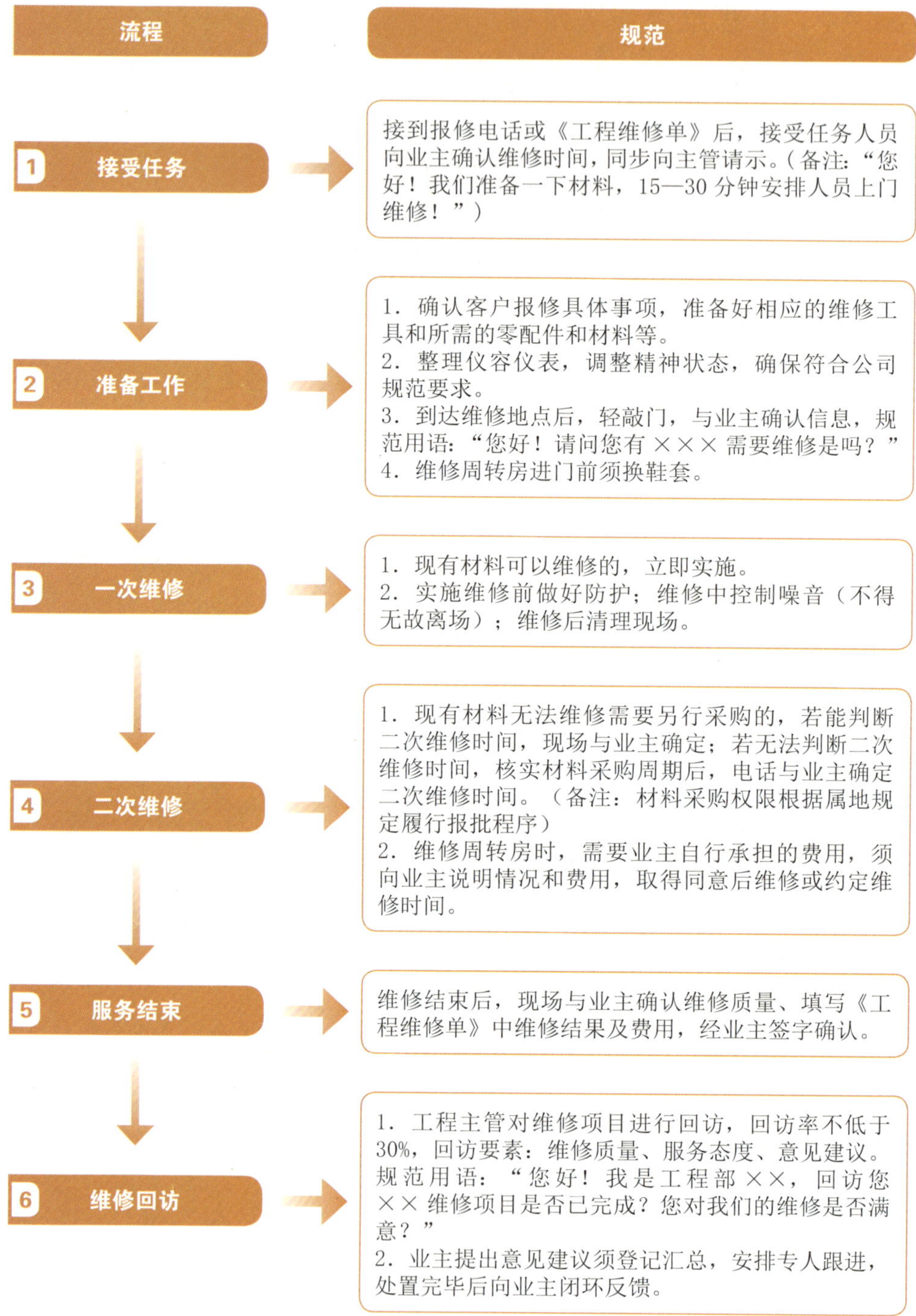

流程	规范
1 接受任务	接到报修电话或《工程维修单》后，接受任务人员向业主确认维修时间，同步向主管请示。（备注：“您好！我们准备一下材料，15—30 分钟安排人员上门维修！”）
2 准备工作	1. 确认客户报修具体事项，准备好相应的维修工具和所需的零配件和材料等。 2. 整理仪容仪表，调整精神状态，确保符合公司规范要求。 3. 到达维修地点后，轻敲门，与业主确认信息，规范用语：“您好！请问您有 ××× 需要维修是吗？” 4. 维修周转房进门前须换鞋套。
3 一次维修	1. 现有材料可以维修的，立即实施。 2. 实施维修前做好防护；维修中控制噪音（不得无故离场）；维修后清理现场。
4 二次维修	1. 现有材料无法维修需要另行采购的，若能判断二次维修时间，现场与业主确定；若无法判断二次维修时间，核实材料采购周期后，电话与业主确定二次维修时间。（备注：材料采购权限根据属地规定履行报批程序） 2. 维修周转房时，需要业主自行承担的费用，须向业主说明情况和费用，取得同意后维修或约定维修时间。
5 服务结束	维修结束后，现场与业主确认维修质量、填写《工程维修单》中维修结果及费用，经业主签字确认。
6 维修回访	1. 工程主管对维修项目进行回访，回访率不低于 30%，回访要素：维修质量、服务态度、意见建议。规范用语：“您好！我是工程部 ××，回访您 ×× 维修项目是否已完成？您对我们的维修是否满意？” 2. 业主提出意见建议须登记汇总，安排专人跟进，处置完毕后向业主闭环反馈。

 上门服务前整理个人仪容	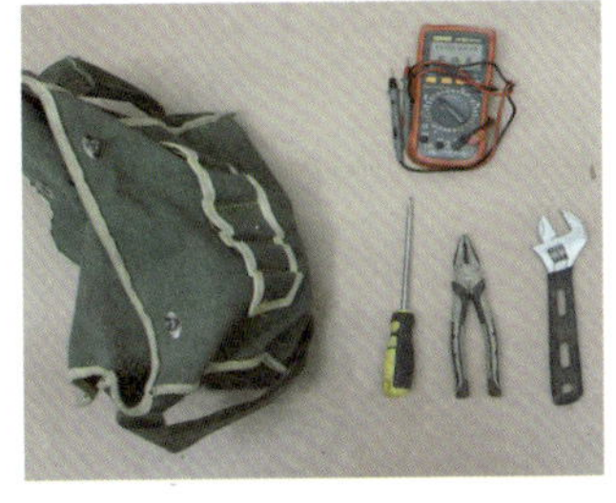 整理维修工具
 敲门	 自我介绍
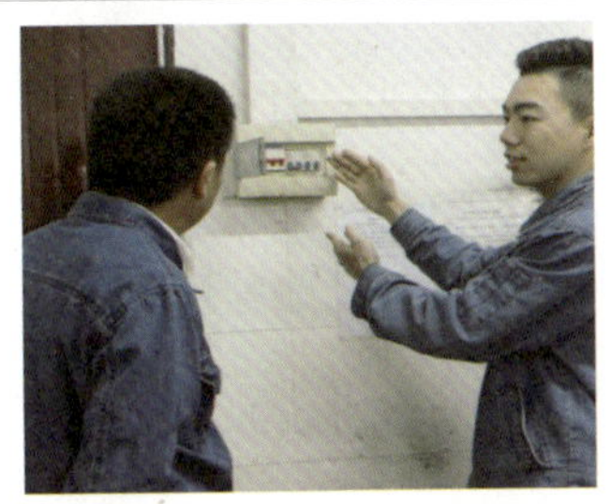 排除故障并向业主讲解使用方法	 业主验收试用
 业主确认签字	 向业主道别

6.3.3 业务知识

6.3.3.1 强弱电维护服务

项目	参考图示	内容和要求	工作频次
高、低压配电柜		1. 保养前须停电、验电、悬挂标示牌和挂接地线，检查各开关接线、接头、母排节点是否过热变色并进行紧固、除尘。 2. 对烧蚀触头用金相砂纸进行打磨，并用 97% 酒精进行清洗。 3. 每年一次对真空断路器、接触器进行拆件维护。 4. 检查浪涌装置、直流屏、接地线、散热风扇、驱潮灯、指示灯、仪表、继电保护装置、电容器等是否正常。 5. 检查各抽屉柜是否灵活。 6. 测量接地电阻，摇测相与相、相与地的绝缘电阻并记录。 7. 清扫地面，检查标识、门锁，温度确保不超过 35℃。 8. 检查现场电路图、上墙资料是否完好	1 次 / 月
配电箱		1. 保养前须停电、验电、悬挂标示牌和挂接地线。 2. 检查开关接线接头是否过热并进行紧固、除尘。 3. 检查接地线，摇测相与相、相与地的绝缘电阻并记录。 4. 检查标识、门锁。 5. 每年一次对接触器、变频器进行拆件检查。 6. 检查现场电路图是否完好	1 次 / 月
路灯系统		1. 每天对路灯进行巡查检修（一般晚上进行，主要巡查是否有路灯不亮）。 2. 更换路灯灯泡时，须停电、验电、挂接地线后，方可作业。 3. 每年对路灯灯杆进行巡查检修（杆身是否倾斜、被撞，杆基是否有下沉或变形现象）。 4. 每年对电杆的接地电阻测试一次，接地电阻不大于 4 欧姆	1 次 / 周

（续表）

项目	参考图示	内容和要求	工作频次
太阳能控制柜、水泵控制柜		1. 保养前须停电、验电、挂接地线，除尘。 2. 检查开关接线接头是否过热并进行紧固。 3. 检查接地线，每年一次摇测相与相、相与地的绝缘电阻并记录。 4. 清扫地面，检查仪表、指示灯、按钮开关、标识、门锁。 5. 对变频器进行除尘紧固接线。 6. 每年一次对接触器进行拆件维护。 7. 检查现场电路图是否完好	1 次 / 日

6.3.3.2 弱电维护服务

项目	参考图示	内容和要求	工作频次
办公电脑		1. 主板：防尘，定时清洁，防止积尘，重点关注 CPU（中央处理器）散热风扇的除尘。 2. 清理电脑垃圾，对电脑进行杀毒	1 次 / 月
会议音响系统		1. 对音响系统进行通电。 2. 对会议音响设备进行清灰工作。 3. 检查音响连接线是不是正常的，有没有氧化或者是虚接的现象。 4. 开关音响电源之前，把功放的音量电位器旋至最小	1 次 / 周
通信系统		1. 彻底清扫机房内部和周围环境卫生。 2. 机房内所有设备除尘	1 次 / 月

6.3.3.3 供水、排水维护服务

项目	参考图示	内容和要求	工作频次
生活用水水池		1. 排清池内存水用药水进行清洗和消毒。 2. 确保清洗质量，并出具符合国标的水质检验报告	1次/月
生活用水处理室、污水处理设备		1. 保养前须停电、验电、悬挂标示牌和挂接地线。 2. 摇测电机相间、相对地绝缘并记录数据。 3. 各类电机轴承加润滑油，运行5000—7000小时更换轴承（必要时可提前更换）。 4. 拧紧电机固定螺丝。 5. 检查各阀门驳接法兰是否渗漏，传感器、压力表是否正常，打扫地面卫生。 6. 现场电路图完好，温度确保不超过35℃。 7. 每月至少一次对消防泵、喷淋泵启动运行，运行时须打开泄压阀，并密切留意压力表。 8. 检查标识是否完好清晰。 9. 检查缓闭式液位控制器是否正常	1次/月
管道维护		1. 检查各阀门驳接法兰是否渗漏。 2. 阀门、压力表是否正常，每季度对阀门螺杆加润滑油。 3. 每两年除锈刷漆翻新。 4. 清洗管道	1次/季
排水系统维护		1. 定期检查是否积水，并定期清除杂物和污泥、沙石（遇雨水季节须增加巡检次数）。 2. 检查液位浮子、手自动状态是否正常。 3. 检查连接管有无松动，标识是否清晰。 4. 每半年将止回阀解体维修	1次/月

6.3.3.4 楼宇建筑物、公共设施维护

项目	参考图示	内容和要求	工作频次
楼宇建筑物—楼体		检查屋面层、女儿墙、隔热层、防水层是否完好、无裂纹，如有裂纹应及时修补	1 次 / 月
公共广场		1. 检查排水沟是否无杂物、无积水、沟盖完整。 2. 检查灯杆牢固度，有无生锈，电线有无外露。 3. 检查木地台木质结构是否完整，有无毛刺，每两年对木质进行刷光漆翻新。 4. 检查绿化水龙头有无渗漏。 5. 检查路面地砖是否松脱。 6. 检查井盖标识是否清晰，金属边框有无弯边	1 次 / 月
大堂		1. 检查玻璃门是否无变形、无松动、活动自如，金属边是否无松脱。 2. 每月对地弹簧、转动部件加润滑油。 3. 检查装饰材料（地砖、地脚线、不锈钢镜、墙面砖、天花扇灰）是否松动、脱落	1 次 / 月
玻璃幕墙		1. 每月检查有无裂纹，活动窗螺丝是否松脱、缺失、活动自如。 2. 每月检查黏合胶有无老化、脱胶现象。 3. 每季对活动部件加润滑油	1 次 / 月

（续表）

项目	参考图示	内容和要求	工作频次
防火门		1. 检查插销有无失效，固定是否牢固。 2. 检查闭门器是否正常（拉力适中，15 秒内能缓慢完全关闭，不发出大响声）。 3. 检查门与门框有无摩擦。 4. 每月对门铰、插销进行加固、润滑。 5. 检查门锁手动开启把手是否设在里间（火警状态能迅速向楼梯方向逃生）。 6. 每 3—5 年对防火门进行刷防火漆翻新	1 次 / 月
楼梯		1. 每月检查扶手栏杆有无松动。 2. 每 3—5 年对栏杆和墙壁进行油漆翻新（栏杆除锈油漆，墙壁补灰、打磨、刷墙面漆）。 3. 根据安全规定，按需粘贴防滑警示	1 次 / 月

6.3.3.5 公共建筑设施维修办法

<table>
<tr><th>项目</th><th>参考图示</th><th>内容和要求</th><th>工作频次</th></tr>
<tr><td rowspan="2">墙和顶棚</td><td></td><td>裂缝：
1. 发丝裂缝
1.1. 沿裂缝清除表面涂料及腻子，用砂纸打磨并清理干净，露出基层。
1.2. 粘贴填缝带，待干后刮抹腻子，腻子干后补刷面层涂料。
2. 一般裂缝
2.1. 沿裂缝将两侧基层凿成内八字口，直至不见原裂缝，将缝槽清理干净。用水将缝槽基层表面湿润后，涂刷水泥结合层。
2.2. 将半干湿状的膨胀水泥完全填入裂缝内进行抹平压光，然后清除表面多余的补缝水泥。
2.3. 补缝水泥干燥后，在修补面处刮腻子，涂刷涂料。
2.4. 修补后须养护六天左右，其间做好防护</td><td rowspan="2">按需</td></tr>
<tr><td></td><td>1. 小孔小洞
1.1. 灰墙上的凹坑，可用腻子、墙板灰或其他合适的填充材料进行填补。
1.2. 填补孔洞前先清理孔隙周围酥松的灰泥，并将孔隙边缘区浸湿。
1.3. 待填补孔洞干燥后，用砂纸磨平。
1.4. 在修补面上先刷一道底层涂料，再涂表面涂料。
1.5. 修补后须养护六天左右，其间做好防护。
2. 大的孔洞
2.1. 先剔凿墙面孔洞周围酥松的基层，清理干净，用与基层相同质地的材料进行嵌填。
2.2. 用水泥钉将超过孔洞大小的钢丝网片固定在孔洞周围基层上。
2.3. 用水湿润基层，抹灰打底，待凝固后再抹第二道面层。
2.4. 待修补的部分凝固干燥后，刮腻子打底，腻子干后用砂纸打磨，分别喷刷二道表面涂料。
2.5. 修补后须养护六天左右，其间做好防护</td></tr>
</table>

（续表）

项目	参考图示	内容和要求	工作频次
更换地面或墙面瓷砖 / 片		1. 清除损坏的瓷砖 / 片和结合层，用水湿润后涂抹水泥结合层，外门窗还须涂抹防水涂料。 2. 使用与原来地面或墙面同样材质、花式、规格的瓷砖 / 片进行压贴，刮去砖缝多余泥浆。 3. 瓷砖 / 片间隙缝表面光滑平整，禁止高出瓷片周边弧形角。 4. 维修工作完毕后，把瓷砖表面清洁干净	按需
更换外墙面、地面马赛克		1. 清除破损、脱落的马赛克及其结合层，用水湿润后涂抹水泥结合层。 2. 按损坏大小将马赛克裁剪后压贴平整，与原墙、地面平直，划去多余泥浆。 3. 粘贴约 4 小时后，将马赛克表面纸浸透揭去，并将表面清洁干净	按需
地下室墙体堵漏		1. 超过 3/8 英寸（1 英寸 = 2.54 厘米）的裂缝，须凿成楔形槽，将灰尘和混凝土碎块清理干净。 2. 用水将裂缝浸湿，用 1:3 干硬性水泥沙浆或双组分环氧树脂完全塞入空隙内，并及时抹平表面，干硬性水泥沙浆须保持湿润，养护三天。 3. 漏水的孔洞须用防水水泥堵填，在凝固硬化前及时抹平	按需
人行道和车道		1. 将表面松散或破碎的砼凿掉，深度约 1 英寸，底面凿毛，砼边缘掏凿成凹齿形，并清理干净。 2. 将修补表面浸湿，在表面涂一层较厚的硅酸盐水泥浆，用砼拌和物进行填充，并捣实抹平，保持道路平整。 3. 修补后须养护六天，其间做好防护	按需

（续表）

项目	参考图示	内容和要求	工作频次
水泥踏步		1．将损坏部分凿成V形槽，凿至砼层为止，将表面清理干净。 2．用水将露出部分浸湿，用水泥沙浆进行填充抹平。 3．修补后养护六天，其间做好防护工作	按需
抹灰层		（一）抹灰层裂缝 1．将裂缝凿成内宽外窄的键槽，将裂缝内清理干净。 2．用水将裂缝浸湿，将灰膏填入裂缝内并挤密，待灰膏干后抹平。 3．须保持湿润，养护三天，其间做好防护。 （二）大面积的抹灰层 1．刮除损坏的抹灰面，将表面清理干净。 2．砖砌体墙面：要先从砖缝剔出1/4英寸的沙浆缝，然后再用钢丝刷全面刷洗砖砌体表面。 3．光滑的砼墙面：将墙面凿毛。 4．用水将基层浸湿，在第一遍抹灰尚未硬化时，进行水平刮毛。 5．用水将第一遍抹灰浸湿，进行第二遍抹灰后刮平抹光。 6．修补完工第二天进行养护一天，其间做好防护	按需

（续表）

项目	参考图示	内容和要求	工作频次
外墙渗水		1. 外装修的分格缝未做二次处理而引起渗水的，须用水泥沙浆重新嵌补密实，勾成斜缝。 2. 窗台处渗水，须将窗台拆除重新砌粉，向外留有汲水坡度，窗樘底的外侧应留有1厘米左右圆凹缝，并用水泥沙浆填实。 3. 在外墙渗水部位先用一层玻璃纤维网格布和4度氯丁建筑防水胶涂贴，再喷涂水泥沙浆面层。 4. 渗水面积较大时，可满涂1—2度氯丁建筑防水胶。 5. 板接缝处渗水，先开凿、清理板缝，加热板缝和胶泥条，边嵌边加热，最后在胶泥条外用水泥沙浆勾缝和封闭。 6. 室内修补，将渗水部位的内粉刷层铲除，表面清理干净，用氯丁胶和水泥沙浆嵌缝，然后用水泥沙浆粉刷基层，在基层上涂刷2—3度氯丁胶，在最后一度胶未干时用水泥沙浆抹平，再粉刷面层	按需
屋面水池		1. 先将水池（或水箱）四壁清洗干净。 2. 做一布四胶防水层，外涂一层弹性水泥防水层，再用1∶2水泥沙浆做保护层	按需
层面修漏		1. 屋面分仓缝漏水，可在漏水处填三层干油毡，用聚氯脂嵌缝进行处理。 2. 出屋面管道处漏水，先将管道四周清洗干净，再用塑料油膏或氯丁橡胶、聚氨酯、PVC（聚氯乙烯）胶泥等密封材料嵌缝。 3. 沿沟处漏水，可用密封材料在滴水处嵌缝，沿沟底部用两布四油氯丁橡胶防水层进行修漏，也可用满涂胶泥或油膏的方法来修漏	按需

6.3.3.6 一般维修、报修

项目	参考图示	内容和要求	工作频次
换锁		1. 木门锁、铁门锁：检查锁坏何处，如能修理，及时修理，如锁不能修理至正常使用，立即更换。 2. 检验查看锁盖与锁孔是否配合紧密，反复开关数次，查看开关是否灵活自如。 3. 告知业主使用须知：开关锁时不要用力过猛，不要用其他硬物开锁，定期给锁活动部位上油。 4. 用自带毛巾清理现场，带走杂物	按需
水龙头漏水		1. 检查漏水情况，然后关上自来水总阀。 2. 如是因水龙头未上紧而漏水，应先拆下水龙头，在外丝处旋上几道生料带，再把水龙头装上拧紧。 3. 如是内芯断裂应更换内芯。 4. 如是内芯橡皮过小或破损，应更换。 5. 如是水龙头自身有砂眼而漏水，应更换水龙头。 6. 检修完毕后，打开自来水总阀，反复开关水龙头数次，使其开关自如，不漏水	按需
通马桶		1. 先检查马桶堵塞原因。 2. 用马桶抽子抽通马桶。 3. 如不通时须打开检查口，如检查口在下层客户室内，应先与该业主预约维修时间，看是否堵塞。 4. 如堵塞用铁丝或细钢筋勾出堵塞杂物直到通畅为止。 5. 盖好检查口，进入室内后放水冲洗，能正常使用。 6. 检验：反复放水，检验马桶是否畅通	按需
疏通地漏		1. 先用抽子试通。 2. 不能查明原因时则打开检查口检查。 3. 不通时再使用疏通机疏通直到通畅为止。 4. 检验：用水试通，如水源不方便，可接胶管水冲或用水桶装水检验	按需

（续表）

项目	参考图示	内容和要求	工作频次
马桶漏水		1. 先检查漏水情况。 2. 如是出水口漏水，应先把水箱水放掉，后取下水箱，拆下螺丝，取出马桶，查看连接件及胶泥圈是否完好，如有损坏应立即更换。 3. 装上马桶，装好水箱，上好螺丝，用白水泥在马桶四周密封一周（3 小时后可以使用）。 4. 检验：维修后，放水看是否漏水	按需
厨房水槽下漏水		1. 先检查何处漏水，查明漏水原因。 2. 如是软管断裂、漏水，应及时更换软管，并把接头处接好。 3. 如是水龙头（水咀）或接头漏水，检查水龙头（水咀）或接头处是否有破裂损坏情况，如有此情况，应及时换上新水龙头（水咀）或接头，并用生料带密封此处。 4. 检验：打开厨房水槽水龙头放水，看相关部位接头是否漏水	按需
门窗维修		1. 检查门窗的附件是否齐全。 2. 检查有无配件损坏。 3. 更换配件，达到预期效果。 4. 维修后请客户验收。 5. 检验：维修后，对门窗反复开启数次，检查是否有异声及不灵活之处，以达到开关自如的目的。 6. 高空作业，做好防护措施	按需
洗脸水槽漏水		1. 先检查何处漏水，查明漏水原因。 2. 如是存水弯头管处漏水，先拆下存水弯管，检查两接口处是否有破损情况，情况严重的要更换弯管；情况一般的可用水中胶和生胶带密封接口破损处，以达到不漏水为止。 3. 如是台式盆四周漏水，应用白水泥密封盆四周，到不漏为止。 4. 检验：在维修完毕后，放水试漏，以达到不再漏水的目的；水泥凝固以后（约需 4 小时），再在周围泡水检验	按需

（续表）

项目	参考图示	内容和要求	工作频次
洗脸盆堵塞		1．查明堵塞原因。 2．取下存水弯倒掉杂物。 3．装好存水弯。 4．如再不通，打开检查口，用疏通工具疏通，直至通畅为止。 5．检验：维修完毕后，把脸盆的水储满后再排放，使之畅通	按需
更换灯具		1．准备维修工具，一般为电胶布、同型号的灯具、钳子、电笔。 2．关闭电源，用电笔测试灯具是否带电，更换灯具时应确保不带电作业。 3．拆开连接头，更换已经损坏的灯具，安装完成后，打开电源试验新灯具是否恢复正常。 4．试验完成后，关闭电源，用电胶布将裸露线头包住，以防漏电。 5．检验：维修完毕后，再次打开灯具开关，看灯具亮不亮。 6．更换灯具须双人作业，做好安全防护	按需
网线安装		1．提前准备好所需要的材料及工具，根据自己的需求，取一根一定长度的网线、若干个水晶头（RJ45）、一把压线钳及测试仪。 2．用压线钳将网线两端的外皮剥去（3毫米厚），然后按568A或568B标准顺序将线芯撸直；将排序好的八种颜色芯线并排放到压线钳切刀处，八根线在同一平面上并拢且尽量弄直，留下一定的线芯长度，大概1.5厘米处用压线钳剪齐，将双绞线插入RJ45水晶头中，插入过程均衡力度直到插到尽头，并且检查八根线芯是否已经全部充分、整齐地排列在水晶头里面。 3．按以上步骤，一头网线做好，用相同步骤做另外一头，两头都做好后，把网线的两头分别插到测试仪上并打开测试仪开关测试灯是否亮起来。如果网线正常，两排的指示灯都是同步亮起；如果没有同步亮起，证明该网线连接有问题，应重新制作	按需

6.3.4 其他工作要求及工作忌讳

6.3.4.1 设备房管理规定

项目	参考图示	内容和要求
基本要求	 风机房 机房重地 闲人免入	设备房门外侧应有设备房名称和责任人标识，且有“机房重地，闲人免进”的标识
	 遵章守纪、安全第一	设备房墙面应悬挂相应的《设备管理规范》《操作指引手册》《应急处理预案》等文件
	 备用钥匙存放处	无人值守的设备房应上锁管理；设备房钥匙由专人管理，备用钥匙应在中控室留存，非专业人员工不得持有或配置设备房钥匙
		设备房照明须满足规定要求，室内保持空气流通、地面干净整洁，物品摆放整齐无杂物，通道和出入口保持畅通无阻
	 灭火器存放处	设备房内应配置消防对讲或内线电话，按消防规范配足有效灭火器材和应急照明
	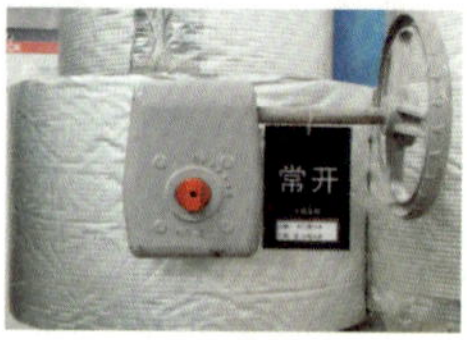 常开	设备房内的开关、阀门等单体设备须有明显的状态标志
	 生活水池溢流管	流体管道须标有流向标识、区位名称

（续表）

项目	参考图示	内容和要求
基本要求		易燃易爆、高温、高压等设备，须在明显位置挂贴警示标识
		设备房内设备保持完好、外观清洁，表面无积尘、无油污，油漆无脱落
		设备的转动部位、高压危险等部位须做好安全防护措施，且增加警示标识
		设备房须设置干湿温度计，设备房内温度应不高于40℃，相对湿度小于80%
	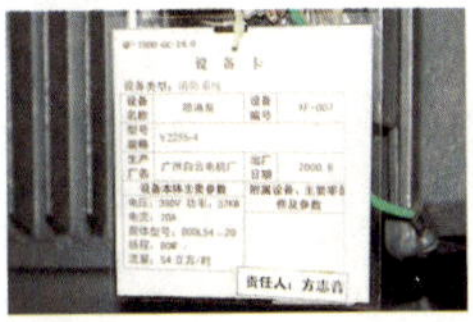	各系统设备须在明显位置张贴统一规格的设备标识
	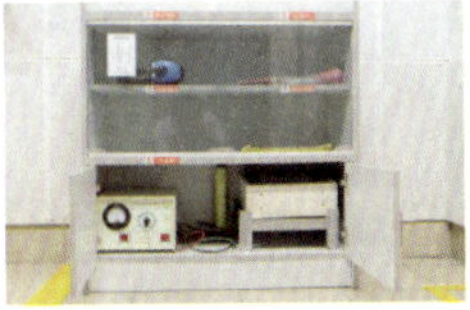	设备操作专用工具及安全用品须放置在指定位置并有标识
		发电机房、配电房及重要机房门应安装50厘米防鼠板

（续表）

项目	参考图示	内容和要求
基本要求	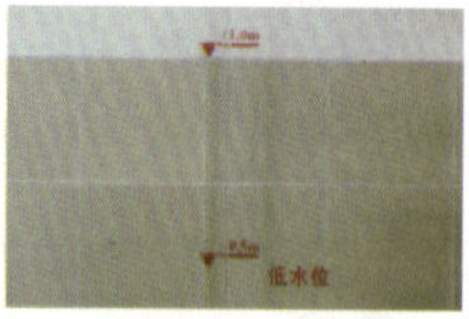	生活水泵房、消防泵房水池（箱）、楼顶水箱必须安装高、低水位报警装置；设备房、电梯地坑排污井需要设置高水位报警装置，并将报警信号引至中控室（水箱水位计用 φ25 毫米玻璃管）
		高、低压配电柜和控制柜、发电机设备前铺标准宽 0.8 米的绝缘垫，在最边沿处贴深黄宽 5 厘米的警示带，并有请勿靠近的警示标识
柴油发电机房		发电机应处于自动启动状态，蓄电池置于浮充电状态，须定期进行充放电保养检查
	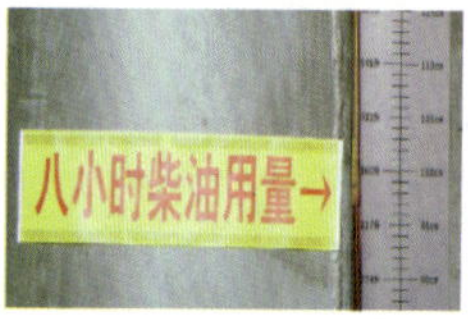	油箱应采用透明玻璃管并加装阀门的油位标识，发电机油箱内应至少满足 8 小时连续运行使用油量，油箱上方有透气管
		柴油储油罐室应安装防爆灯具和开关，油箱间地面应铺设消防沙
		发电机房安装强制进风、排风装置，发电机强制散热风机在机组停机后须有延时停止功能，延时设置不低于 10 分钟，但保证灭火系统启动时，排风机停止运行
		柴油箱、带电箱体、控制柜、电视墙、操作台有可靠的接地

（续表）

项目	参考图示	内容和要求
配电房		高压环网柜必须上锁管理，每把钥匙标识清晰；高压环网柜各柜编号、环出位置、进线号以及线号所在部门联系电话
	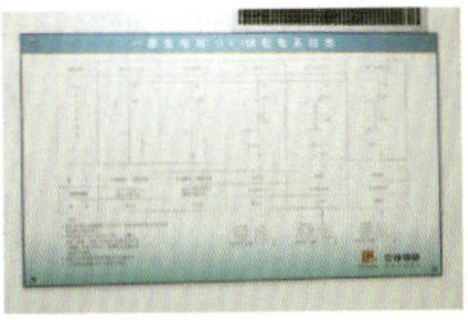	低压配电进线断路器柜、市发电转换断路器柜、联络断路器柜等须张贴原理图；墙面应悬挂与设备运行实际情况完全相符的高、低压供电系统图，图中的开关状态、接线标准正确
水泵房	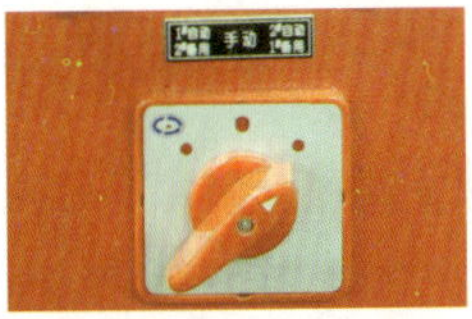	检查水泵控制柜的指示灯指示，观察停泵时水泵压力指示，正常情况下，生活水泵、消防水泵、喷淋泵、排污泵的选择开关应置于自动状态
		水池出入口应加盖并上锁管理，透气管口、溢流管口须加装防护网或罩
	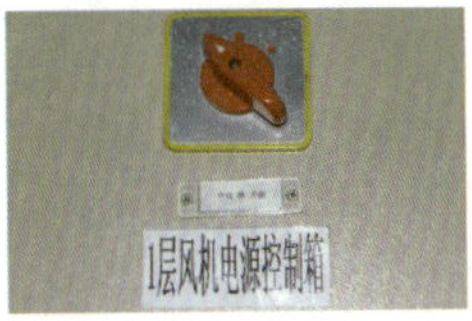	现场须悬挂给排水管道系统图
风机房	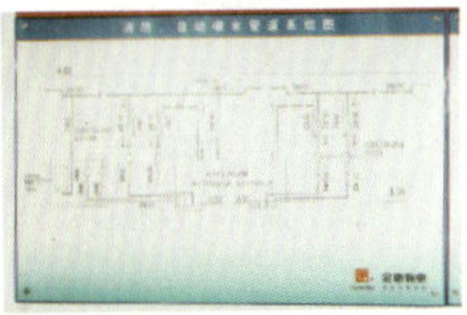	正压风机、排烟风机的选择开关应置于自动位置
		正压风机进风口须加装防护网或罩

（续表）

项目	参考图示	内容和要求
风机房		风机电源应设置为双电源控制
气体灭火设备间	气体释放 禁止入内	1. 气体灭火控制盘或火灾报警控制器应置于“自动”状态，当发现系统误报警时，须立即停止设备；当发生火灾，但气体灭火设备未自动启动时，须立即启动设备；发现防护区域有人员时，禁止手动启动设备或立即停止设备。 2. 对二氧化碳和其他有害气体，设施灭火前防护区现场的人员必须及时撤离，喷放后人员严禁进入气体灭火区域内。 3. 火警排除后，应立即打开门窗及通风装置，将废气排净后，方可以进入防护区
灭火器配置	设备值班室、过道走廊	干粉、泡沫、二氧化碳灭火器，2 只 /50 平方米
	空调机房、水泵房、泳池泵房	干粉、泡沫、二氧化碳灭火器，1 只 /25 平方米
	配电房、带电设备	干粉、卤代烷、二氧化碳灭火器，1 只 /20 平方米
	储油间、易燃物品	砂、干粉、卤代烷、二氧化碳灭火器，2 只 /5 平方米

6.3.4.2 户外设施管理规定

项目	内容和要求
强弱电井、管道井	1. 墙面刷白，地面找平。 2. 管道井有排水地漏，每三层楼设置清洁取水口。 3. 强弱电井楼层之间有防火棉阻隔
房屋本体、建筑小品	1. 外墙面保持外观完好、整洁、无裂缝，建材贴面的，无脱落；玻璃幕墙，清洁明亮、无破损；涂料外墙，无脱落、无污渍、无乱张贴、无乱涂画和乱悬挂现象。 2. 桌椅、垃圾桶（箱）、雕塑、信报箱、宣传栏、儿童游乐设施、健身器材等公共配套设施须保持完好，无污迹、无松动、无脱漆。 3. 门窗、扶手、栏杆无松动，开关灵活，玻璃完好。 4. 楼层地面、地砖平整，无裂缝、无起壳、无破损。 5. 天台隔热层完好、无渗漏，通风口无堵塞，防护罩完好，屋面排水通畅，无堵塞
化粪池、污水井	池、井口盖板应盖好，并保持盖板完好，禁止随意开启池盖
水池、水箱	1. 结构完整，加盖、加锁，保持出水口干净，并申办二次供水卫生合格证。 2. 水池、水箱出入口应加盖并上锁管理，透气管口、溢流管口须加装防护网或罩。 3. 定期检查水池、水箱的状况，防止溢漏、渗漏，并在水泵房运行记录上做好记录

6.3.4.3　工程维修工具安全操作与维护规定

项目	参考图示	内容和要求
总体要求		1. 使用前须检查电源漏电保护器是否可靠，检查工具的护罩、手柄或其他部件，如有损坏及时维修或更换。 2. 保持工作场所和工作台面整洁，电动工具须保持干燥，禁止用水冲洗，禁止拆除或更换电动工具原有插头，禁止在可燃液 / 气体储存地使用。 3. 电源线路、插头、开关须绝缘可靠，防止触电事故发生。 4. 在易燃易爆场所作业时，须做好相应的防火措施，并配备足够的灭火器材。 5. 禁止踩踏、拖动、拉扯导线，避免导线触及高热体、尖锐金属边缘或沾油脂等情况。 6. 使用中出现高热、异声异响等异常现象时，须立即停止使用，故障排除后方可使用，非专职人员禁止擅自拆卸和修理工具。 7. 电气装置遇跳闸时，须查明原因，排除故障后方可合闸。 8. 在潮湿环境、金属构架、压力容器、管道等场所作业时，须使用双重绝缘或加强绝缘的电动工具。 9. 使用电压须与铭牌上规定电压相符。 10. 钻孔或切割前须了解隐蔽敷设管线的走向，注意避开工作物中的钢筋、电（网）缆线、管线等。 11. 在高空作业时须做好必要的防护措施，如搭设脚手架、系好安全带等，并有专人现场监护；注意自身防护工作，身体禁止接触接地的金属体，禁止带病、疲劳作业
电钻		1. 使用前须检查手柄、开关、导线及插头是否完好无损，进行空载试验，待运转正常后方可使用。 2. 装卸钻头时，须切断电源并在完全停止转动后进行，禁止戴手套操作。 3. 遇停电、离开或转移工作地点、传递时，须切断电源并在完全停止转动后进行。 4. 钻孔时先将钻头的轴线方向垂直于工作面，控制钻头不要四处摆动，握紧手柄，然后开动，用力适度，避免钻头损坏；转速若急剧下降，应减少用力，防止电机过载，避免长时间连续使用
台钻		
冲击钻		

（续表）

<table>
<tr><th>项目</th><th>参考图示</th><th>内容和要求</th></tr>
<tr><td>电锤</td><td></td><td>1．使用前须检查手柄、开关、导线及插头是否完好无损，进行空载试验，待运转正常后方可使用。
2．装卸钻头时，须切断电源并在完全停止转动后进行，禁止戴手套操作。
3．遇停电、离开或转移工作地点、传递时，须切断电源并在完全停止转动后进行。
4．钻孔时先将钻头的轴线方向垂直于工作面，控制钻头不要四处摆动，握紧手柄，然后开动，用力适度，避免钻头损坏；转速若急剧下降，应减少用力，防止电机过载，避免长时间连续使用</td></tr>
<tr><td>电锯</td><td></td><td rowspan="3">1．使用前须检查调整刀具的工具和固定扳手是否取出，进行空载试验，待运转正常后方可使用。
2．通电前须保证工具处于关闭状态。
3．使用夹钳固定要加工的工件作业，锯片要加装安全防护罩和挡板，禁止使用有裂缝和缺齿的锯片。
4．作业时严禁戴手套</td></tr>
<tr><td>电刨</td><td></td></tr>
<tr><td>云石机</td><td></td></tr>
<tr><td>手砂轮
角磨机</td><td></td><td>1．螺丝及砂轮夹板要牢固，砂轮片无裂纹、不偏心，禁止使用不圆或厚薄不均的砂轮片，砂轮片磨损至距夹板边缘 25 毫米时，须及时更换砂轮片。
2．使用前须检查砂轮与夹板间的软垫，并安装稳固，螺帽不得过紧。
3．禁止使用受潮、变形、裂纹、破碎、磕边缺口或接触过油、碱类的砂轮，禁止将受潮的砂轮片自行烘干使用。
4．作业时须配戴防护眼镜，严禁戴手套。
5．禁止用砂轮机的侧面打磨工件，操作时禁止反转逆行</td></tr>
</table>

（续表）

<table>
<tr><th>项目</th><th>参考图示</th><th>内容和要求</th></tr>
<tr><td>道路
切割机</td><td></td><td rowspan="2">1．使用前须检查并确认电动机、电缆线均正常，保护接地良好，防护装置安全有效，锯片符合要求，安装正确。
2．启动后须空载运转，检查并确认锯片运转方向正确，升降机构灵活，运转中无异常、异响方可作业。
3．道路切割机须设电源控制开关，使用绝缘材料扶手。
4．切割厚度须按机械出厂铭牌规定进行，禁止超厚切割。
5．电源线禁止在地上拖动，无人扶机的情况下禁止运行。
6．操作及整理电源线时，须保证电源处于断开状态，禁止在运转中检查、维修各部件。
7．作业时须防止杂物、泥尘混入电动机内，锯台上和构件锯缝中的碎屑须采用专用工具及时清除。
8．当机壳温度过高、碳刷产生火花时，须立即停机检查处理。
9．切割过程中用力应均匀适当，当发生刀片卡死时，须立即停机，慢慢退出刀片，重新对正后再切割。
10．作业时禁止戴手套;作业后须清洁机身，擦干锯片，排放水箱余水，收回电缆线，存放在干燥、通风处</td></tr>
<tr><td>云石
切割机</td><td></td></tr>
<tr><td>管道
疏通机</td><td></td><td>1．在狭窄场地、潮湿或有积水等特殊环境下操作，须有可靠的安全防护措施，并安排专人在现场监护。
2．操作完毕后，先拔下电源插头，再做场地清理，禁止用水直接冲洗机器。
3．在户外使用器具时，采用户外专用的绝缘电缆作为延长导线，并使用移动开关箱（座）</td></tr>
<tr><td>电焊机</td><td></td><td>1．接电源通电前，须确认焊机电压等级和电源分接口位置（接地装置）良好。
2．禁止使用受潮焊条。
3．作业时须穿防护服、防护手套，戴防护面罩，禁止在易燃易爆区域进行焊接作业。
4．现场做好防火措施，配备相应数量的干粉灭火器</td></tr>
</table>

6.3.4.4 应急事件处理措施

项目	内容和要求
计划外停电	1．市政电网停电：积极与市供电部门联系，了解停电原因，配合抢修工作，做好停电记录。 2．事故跳闸：高压进线柜开关跳闸，须根据高压柜上的组合式过电流与接地故障继电器判断故障原因。 3．如果是速断动作，将跳闸开关复位。 4．如果是过流动作，首先检查变压器温度，如果变压器温度正常，再合上高压进线柜及各变压器低压侧进线柜开关，恢复社区供电。 5．如果是接地故障，检查高压电缆和变压器高压接线端子，如有放电痕迹和异味，则表明有接地故障。 6．将故障情况及时上报，由工程维修部负责人组织维修，并分析故障起因，做好纠正预防
电梯困人	1．断开电梯主电源，防止电梯意外启动，但须保留电梯轿厢内照明。 2．确定电梯轿厢位置和被困人员情况，及时上报信息。 3．当轿厢停在距平层位置约 ±50 厘米范围时，维修人员可以在该平层的厅门外使用专用的机械钥匙打开厅门，并用手拉开轿厢门，然后协助乘客安全撤离轿厢，将门关闭。 4．当轿厢停于远离层门位置时，须用机械方法移动轿厢后救人。 5．轿厢门应保持关闭，利用电梯内对讲电话，通知乘客轿厢将会移动，提示乘客保持安静，不要乱动；在因曳引电动机轴尾装上盘车装置。两人把持盘车装置，一人控制松闸而另一人转动手轮，使轿厢缓慢逐步向正确的方向移动到距平层 ±10 厘米左右的位置上；使抱闸恢复正常，然后在厅门对应轿厢门外机械打开轿厢，并协助乘客撤离轿厢。 6．安抚被困人员，由电梯维保公司专业人员对电梯进行维修
给排水	1．给水泵故障，把出现故障的给水泵打到“停止”位置，将备用水泵投入“自动”状态运行。 2．给水泵自动控制系统故障，分别在上水池和下水池泵房采用手动状态定时供水，并在现场监护，防止出现水淹事故，待自动控制系统修复正常使用后恢复自动控制状态。 3．供水管网或供水阀故障，须立即组织抢修，尽快恢复供水。 4．排水系统故障处理。 5．排水管故障，先将该区域的供水管网关闭，用防洪沙袋拦截溢水区域，防止溢水流入电房和电梯井等，组织疏通排水管并清理现场。 6．雨水管堵塞，先用防洪沙袋拦截，防止溢水流入电房和电梯井等，组织疏通排水管并清理现场

（续表）

项目	内容和要求
中央空调系统	1．运行中的冷水机组故障：须立即停止该机，并启用备用机组。 2．运行中的水泵异常：停止该泵对应的主机→停止异常水泵→开启备用水泵→启动主机继续供冷。 3．运行中的冷却水塔电机故障：须立即停止该机，转开备用冷却水塔。 4．冷却水塔穿底漏水：须立即开启备用冷却水塔，关闭漏水水塔平衡管阀。 5．水塔溢漏：须立即检查相应的浮球开关，浮球开关损坏则立即停止该塔，关闭对应的进水阀，并开启备用水塔。 6．管道漏水：须立即关闭冷水机组和冷却水泵，用防洪沙袋拦截电梯口、走廊口；将管道裂口扎住；将空调机房内管道底部排水口打开排水，如集水坑水位过高，则须关闭排水口。 7．空调水平管网漏水：须立即将事故楼层风机房内的空调水平管阀门关闭；用防洪沙袋拦截单元口和电梯口；将管道裂口扎住。 8．机房管道内伸缩节破裂：须急停冷水机组，并按急停开关停止水泵。 9．将破裂伸缩节上的闸阀关闭后，方可开启备用泵和冷水机组。 10．空调机房内管道漏水：须停止机组水泵并将电房内的机组系统供电总开关拉断，用防洪沙袋拦截附近门口，将管道裂口扎住，开启机房内对应管道底的排水口排水，如水位过高，则增加一台潜水泵辅助抽水至另一污水井。 11．所有故障须及时上报，并做好记录
燃气泄漏	1．出现泄漏情况须立即关闭泄露管道上端阀门，切断泄露区域的电源，如已起火，须采取相应措施进行灭火，事故情况及时上报，并请示是否报警。 2．疏散人员，隔离封闭现场，对泄露现场周边进行烟火控制，事故现场禁止使用任何通信设备和电器设备，加强事故现场通风

七、食堂服务岗位培训手册

7.1 人员架构

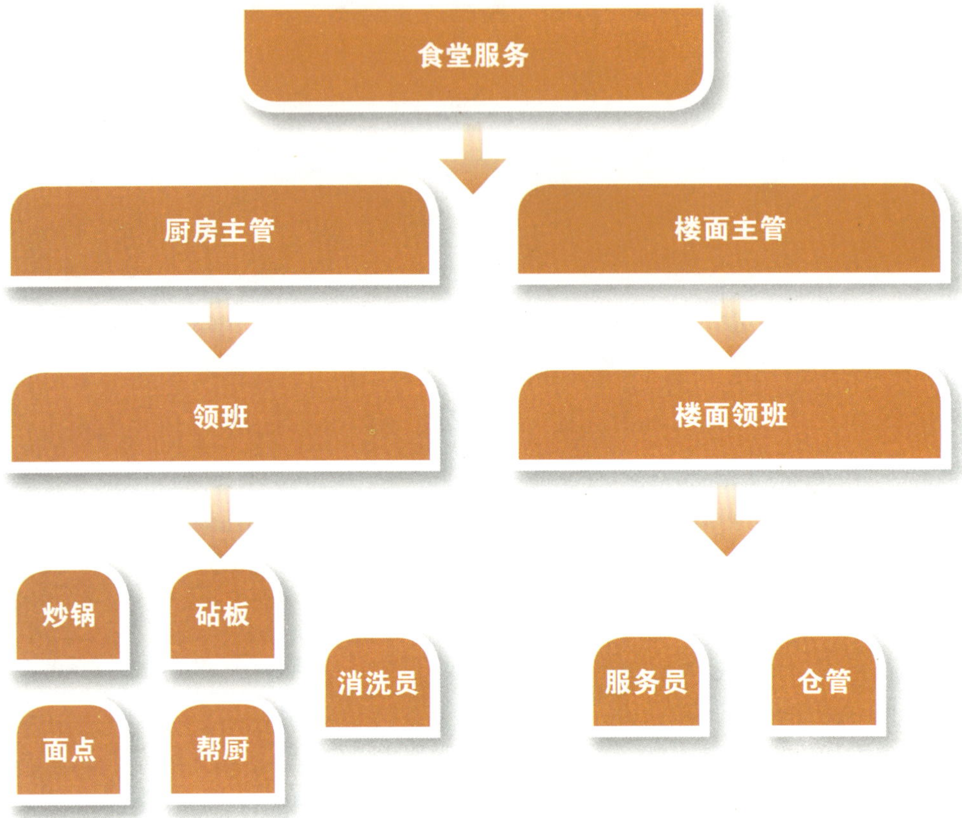

7.2 工作区域

7.3 培训内容

7.3.1 培训目标

关注重点

1. 记住本人的《岗位操作手册》内容，主要包括食堂工作步骤和工作内容。
2. 了解并熟悉本人负责的食堂工作流程和工作标准。
3. 了解工器具使用方法及相关业务知识。
4. 上岗时礼仪礼表、言行举止达到基本要求。
5. 了解必要工作禁忌（按需）。

7.3.2 操作流程

7.3.2.1 接待围餐/自助餐

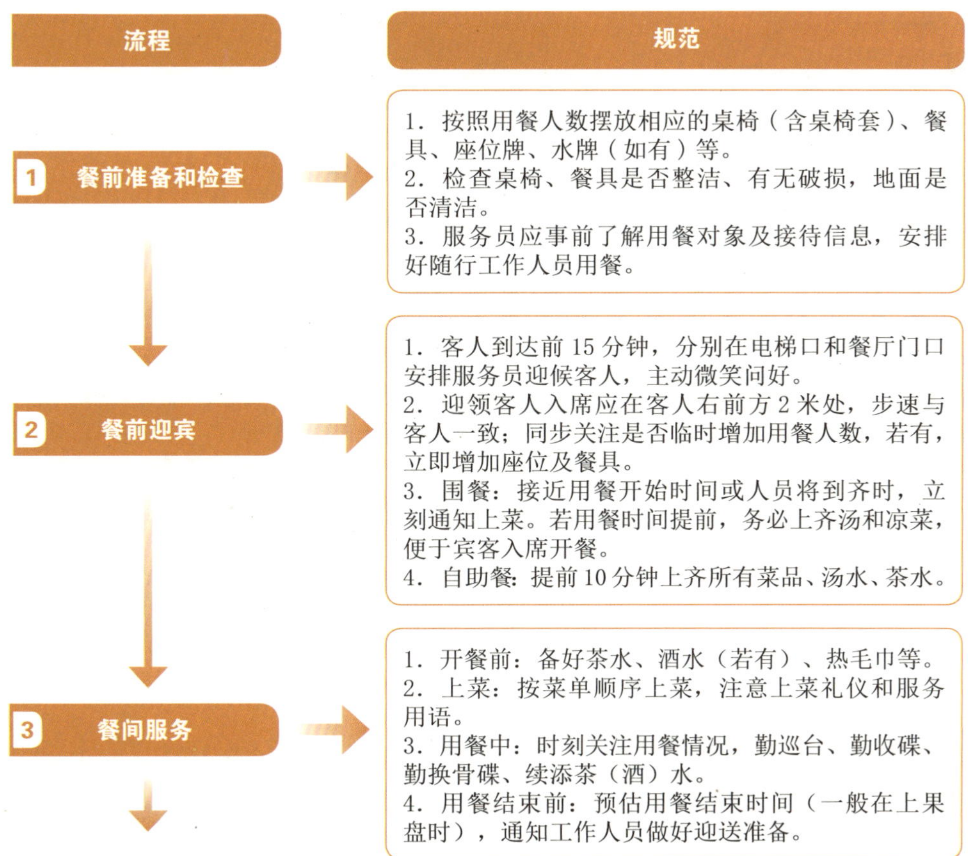

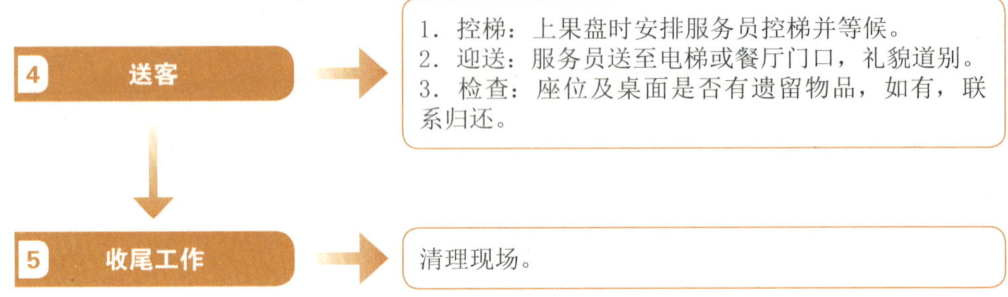

7.3.2.2 员工食堂自助餐

流程	规范
1 餐前准备	1. 检查食堂的环境卫生情况。 2. 检查桌面卫生物品的摆放及餐台器具、台布是否齐全、干净、整洁。 3. 食堂开餐前10分钟内备齐所有菜品、汤水、主食、辅食等，开启保温模式，摆放菜牌。
2 迎接客人	提前打开食堂大门，服务员站在门口迎接客人，客人进入餐厅后，主动和客人打招呼，并向客人问好。
3 餐中服务	1. 时刻关注用餐情况，及时补充菜品。 2. 关注用餐环境，及时清理台面、桌面、地面的残渣垃圾，保持干净整洁。
4 收餐	用餐结束后： 1. 收拾整理用餐桌面、桌椅，重新摆台。 2. 将剩余菜品送回厨房处理，将餐具送洗。 3. 切断部分电源和照明，做好地面卫生清洁工作。

7.3.2.3 厨房出品

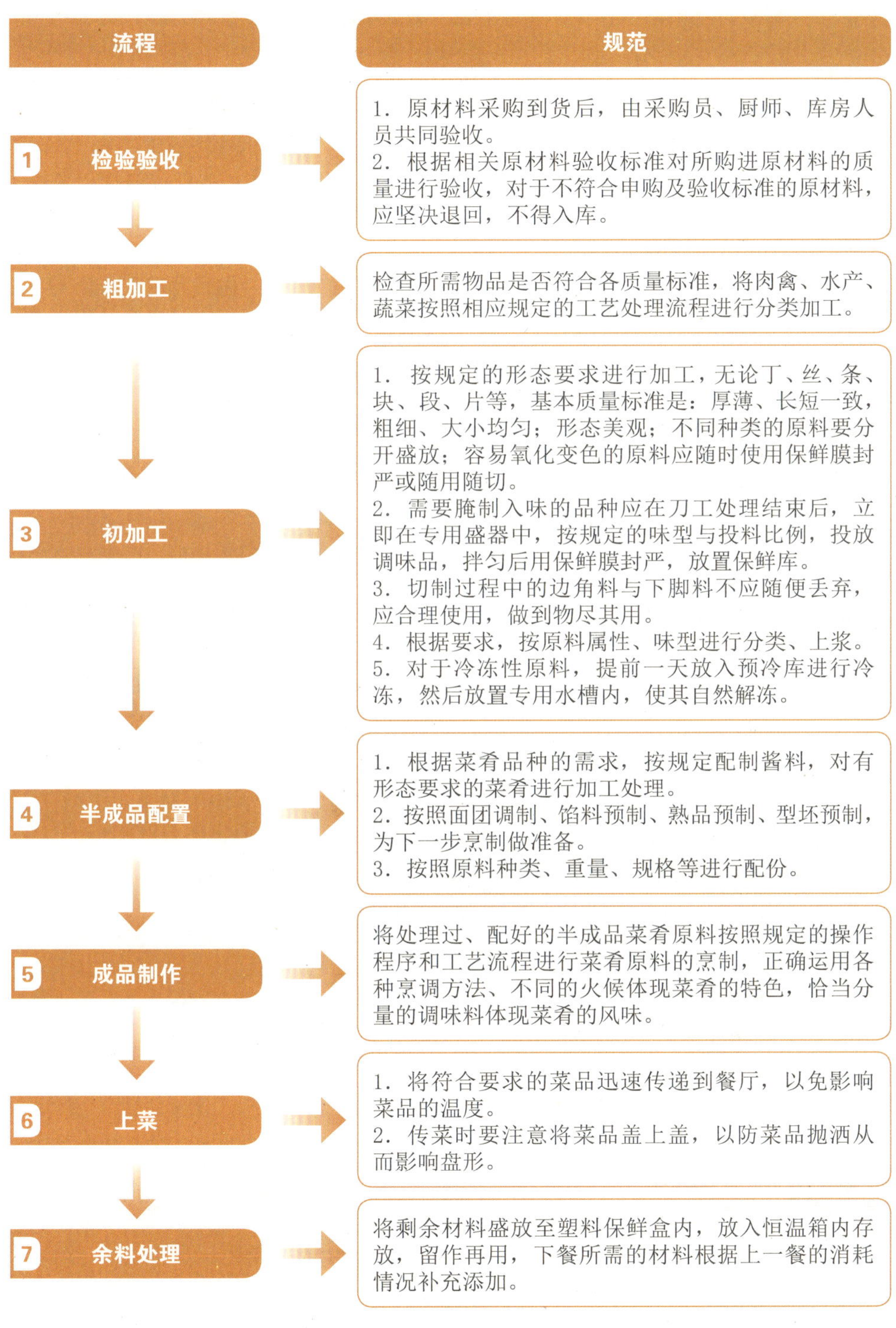

流程	规范
1 检验验收	1. 原材料采购到货后，由采购员、厨师、库房人员共同验收。 2. 根据相关原材料验收标准对所购进原材料的质量进行验收，对于不符合申购及验收标准的原材料，应坚决退回，不得入库。
2 粗加工	检查所需物品是否符合各质量标准，将肉禽、水产、蔬菜按照相应规定的工艺处理流程进行分类加工。
3 初加工	1. 按规定的形态要求进行加工，无论丁、丝、条、块、段、片等，基本质量标准是：厚薄、长短一致，粗细、大小均匀；形态美观；不同种类的原料要分开盛放；容易氧化变色的原料应随时使用保鲜膜封严或随用随切。 2. 需要腌制入味的品种应在刀工处理结束后，立即在专用盛器中，按规定的味型与投料比例，投放调味品，拌匀后用保鲜膜封严，放置保鲜库。 3. 切制过程中的边角料与下脚料不应随便丢弃，应合理使用，做到物尽其用。 4. 根据要求，按原料属性、味型进行分类、上浆。 5. 对于冷冻性原料，提前一天放入预冷库进行冷冻，然后放置专用水槽内，使其自然解冻。
4 半成品配置	1. 根据菜肴品种的需求，按规定配制酱料，对有形态要求的菜肴进行加工处理。 2. 按照面团调制、馅料预制、熟品预制、型坯预制，为下一步烹制做准备。 3. 按照原料种类、重量、规格等进行配份。
5 成品制作	将处理过、配好的半成品菜肴原料按照规定的操作程序和工艺流程进行菜肴原料的烹制，正确运用各种烹调方法、不同的火候体现菜肴的特色，恰当分量的调味料体现菜肴的风味。
6 上菜	1. 将符合要求的菜品迅速传递到餐厅，以免影响菜品的温度。 2. 传菜时要注意将菜品盖上盖，以防菜品抛洒从而影响盘形。
7 余料处理	将剩余材料盛放至塑料保鲜盒内，放入恒温箱内存放，留作再用，下餐所需的材料根据上一餐的消耗情况补充添加。

7.3.2.4 上菜服务

流程	规范
1 重点注意	1. 检查菜肴是否色泽新鲜、有无异味。 2. 检查菜肴有无灰、飞虫等异物。 3. 检查菜肴卫生、盘边有无水迹、浊迹、血迹或污迹；检查菜品装饰物、装饰效果、摆盘及成型效果。 4. 按上菜顺序将菜品生、熟分开摆放在托盘上；单手操作时，左手背在身后，做到上菜不推盘。 5. 上菜做到不隔锅上菜；上菜时，不从宾客头上上菜；上菜与撤盘应做到平进平出。
2 上菜位置	1. 上菜时，在陪同之间，以不打扰宾客为宜。 2. 尽量避免在老人、小孩身旁上菜。
3 上菜方法	1. 确认上菜后，将菜品端至餐桌前，右脚迈入两椅之间，将菜盘上桌。 2. 上桌后的菜盘距离桌边 2 厘米，以免烫伤。 3. 上菜后，手示菜盘报菜名、重量（荤菜、海鲜）、特色菜品介绍。 4. 声音要求适中，口齿清楚，不要边上菜边报菜名。 5. 菜上齐后，知会宾客并向客报菜对单，致礼退离。
4 摆菜要求	1. 高档菜或风味菜，摆放在主人和主宾之间。 2. 注意荤素、颜色、口味的搭配和间隔。 3. 餐中上菜时，应调整餐台上其他菜品的位置，以空出位置上菜；上菜应按来宾所需摆菜。 4. 桌面上所上菜品不重叠摆放。
5 上菜顺序	茶——凉菜（开胃菜）——热菜——主菜——点心——主食——水果拼盘。
6 撤菜盘要求	1. 餐中服务时，及时收空盘。 2. 做到撤盘不拖盘，不隔锅撤盘，不从宾客头上撤盘。 3. 撤盘时，应做到菜盘平出，注意盘中水渍不要洒出。 4. 所撤盘放入托盘中或餐箱中。

7.3.2.5 分菜服务

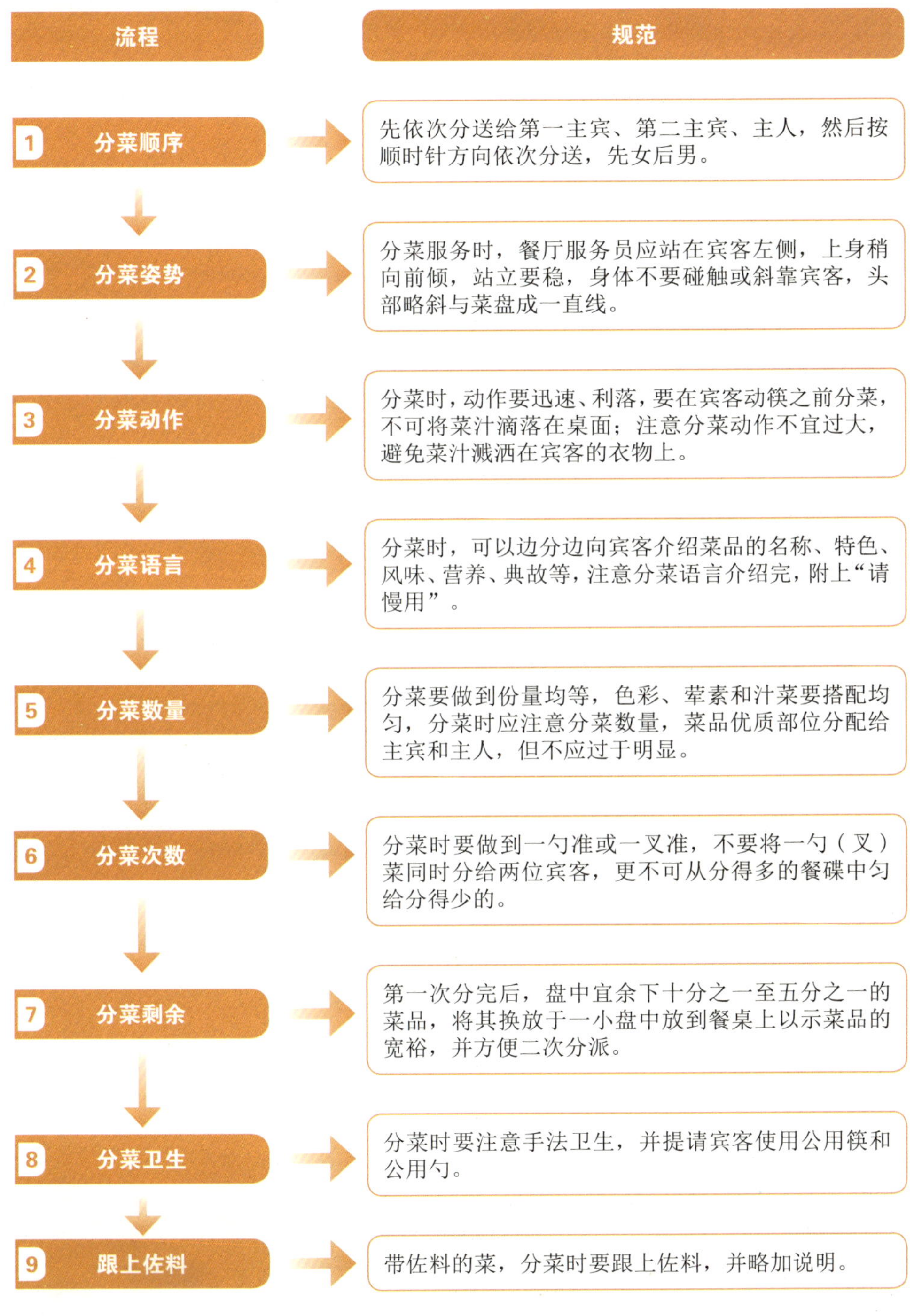

流程	规范
1 分菜顺序	先依次分送给第一主宾、第二主宾、主人，然后按顺时针方向依次分送，先女后男。
2 分菜姿势	分菜服务时，餐厅服务员应站在宾客左侧，上身稍向前倾，站立要稳，身体不要碰触或斜靠宾客，头部略斜与菜盘成一直线。
3 分菜动作	分菜时，动作要迅速、利落，要在宾客动筷之前分菜，不可将菜汁滴落在桌面；注意分菜动作不宜过大，避免菜汁溅洒在宾客的衣物上。
4 分菜语言	分菜时，可以边分边向宾客介绍菜品的名称、特色、风味、营养、典故等，注意分菜语言介绍完，附上“请慢用”。
5 分菜数量	分菜要做到份量均等，色彩、荤素和汁菜要搭配均匀，分菜时应注意分菜数量，菜品优质部位分配给主宾和主人，但不应过于明显。
6 分菜次数	分菜时要做到一勺准或一叉准，不要将一勺（叉）菜同时分给两位宾客，更不可从分得多的餐碟中匀给分得少的。
7 分菜剩余	第一次分完后，盘中宜余下十分之一至五分之一的菜品，将其换放于一小盘中放到餐桌上以示菜品的宽裕，并方便二次分派。
8 分菜卫生	分菜时要注意手法卫生，并提请宾客使用公用筷和公用勺。
9 跟上佐料	带佐料的菜，分菜时要跟上佐料，并略加说明。

7.3.2.6　洗碗清洗流程

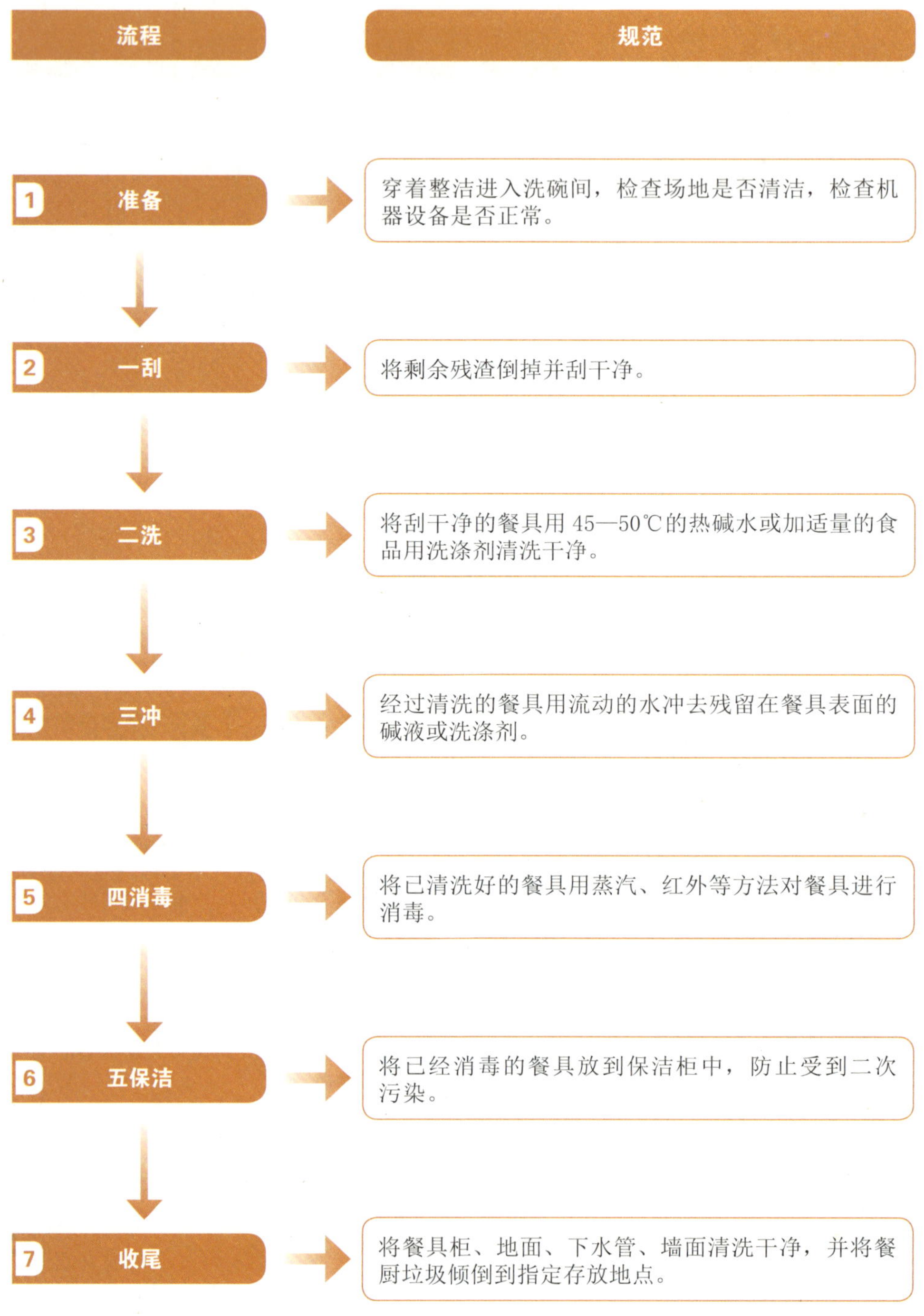

流程	规范
1 准备	穿着整洁进入洗碗间，检查场地是否清洁，检查机器设备是否正常。
2 一刮	将剩余残渣倒掉并刮干净。
3 二洗	将刮干净的餐具用45—50℃的热碱水或加适量的食品用洗涤剂清洗干净。
4 三冲	经过清洗的餐具用流动的水冲去残留在餐具表面的碱液或洗涤剂。
5 四消毒	将已清洗好的餐具用蒸汽、红外等方法对餐具进行消毒。
6 五保洁	将已经消毒的餐具放到保洁柜中，防止受到二次污染。
7 收尾	将餐具柜、地面、下水管、墙面清洗干净，并将餐厨垃圾倾倒到指定存放地点。

7.3.3 业务知识

7.3.3.1 托盘技巧

操作内容： 托盘的操作
操作部门： 餐饮部
操作人员： 服务员

轻托：
又称胸前托，是指托送比较轻的物品，用于上菜、分菜、斟酒、撤换餐具，一般所托重量在5千克以内，此托法常用于餐饮工作中的圆托，是最常见和实用的托法。轻托通常在顾客面前操作，准确、熟练、优雅程度非常重要。

重托：
又称肩上托，是指用托盘运送较重的菜品、酒水和盘碟的方法，一般所托重量在5—10千克，重托的托法多用于餐饮日常工作中的长方形托盘。托盘以送菜肴为主，易沾油渍，使用前要仔细检查和擦洗。

理盘：
根据所托的物品，选择清洁合适的托盘，如果不是防滑的托盘，则在盘内垫上洁净的垫布。

装盘：

根据物品的形状、体积和使用先后进行合理安排，重量分布均匀，重心靠近身体，以安全、稳当和方便为宜，物品商标面向客人。

起盘：

身体重心下降、前倾，左手掌心向上，指尖向前，右手拉托盘边缘，左手置于托盘底下，找到托盘重心后托起，端稳后恢复直立状，左臂放于胸前或肩上，右臂自然下垂。

走盘：

行走时要头正、肩平、上身挺直，目视前方，脚步轻快、稳健，精力集中，随着步伐移动，托盘自然摆动，但以菜肴酒水不外溢为标准。

卸盘：

到达目的地要把托盘平稳地放到工作台上，再安全取出物品。

7.3.3.2 铺台技巧

操作内容： 铺台布
操作部门： 餐饮部
操作人员： 服务员

铺台前准备：
洗净双手，选择适合周围环境颜色和质地的台布，再根据台桌选择合适规格的干净台布。

推拉式：
用双手将台布打开后放至餐台上，将台布贴着餐台平行推出去再拉回来。
适应场合：这种铺法多用较小餐厅，因有客人就座于餐台周围等候用餐时或在地方窄小的情况下，选用这种推拉式的方法。

抖铺式：
用双手将台布打开，平行打折后将台布提拿在双手中，身体呈正位站立式，利用双腕的力量，将台布向前一次性抖开并平铺于餐台上。
适应场合：这种铺台方法适合于较宽敞的餐厅或在周围没有客人就座的情况下进行。

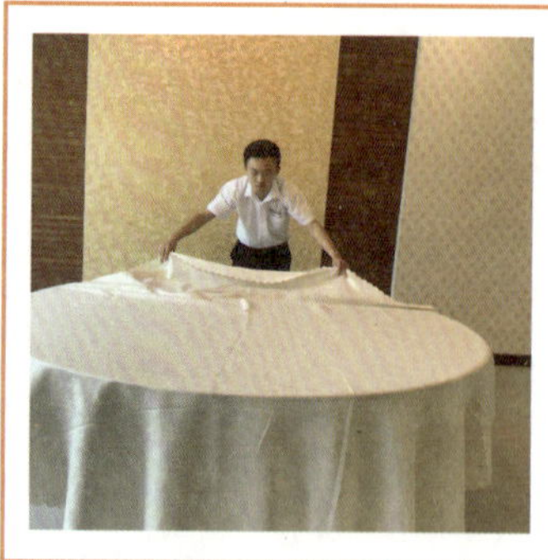

撒网式：

用双手将台布打开，平行打折。

右脚在前，左脚在后，动作自然潇洒斜着向前方抛出。

适应场合：这种铺法多用于宽大场地或技术比赛场所。

7.3.3.3 泡茶技巧

操作内容：

茶的冲泡

绿茶：

取茶入杯，冲入80℃温水水少许，来回摇动两次，然后滤掉。不要加盖，2分钟即可注入茶杯，茶水色一般为绿略带黄，黄绿透明。

铁观音：

把滚开的水提高冲入茶壶，使茶叶转动几下，然后滤掉；100℃沸水冲泡1—2分钟后可以注入茶杯内，茶色一般为汤色金黄，浓艳清澈。

金骏眉：

取茶入杯，冲入开水少许，来回摇动一次，然后滤掉；85—90℃左右的水温冲泡第一次注水后，金骏眉大约静置30秒后注入茶杯，冲茶时应沿着玻璃杯的杯壁细细地注入水以保证茶汤的清澈亮丽。

大红袍：

取茶入杯，冲入开水少许，来回摇动一次，然后滤掉；100℃沸水冲泡一般在45秒左右迅速注入茶杯，该茶冲泡后汤色橙黄明亮，很耐冲泡，冲泡七八次后仍然保留香气。

生普洱茶：

取茶入杯，冲入开水少许，来回摇动一次（洗茶时间不超过2—3秒），然后滤掉；95—100℃的沸水冲泡，每泡冲泡时间掌握在10—20秒，随着泡数增加适当延长冲泡时间，茶冲泡后汤色呈青黄色或金黄色，较透亮，茶香清香。

熟普洱茶：

取茶入杯，冲入开水洗茶两次（洗茶时间不超过2—3秒），然后滤掉，95—100℃的沸水冲泡，每泡冲泡时间掌握在10—20秒，随着泡数增加适当延长冲泡时间，茶冲泡后汤色呈栗红色或暗红色，微透亮，茶香陈香。

7.3.3.4 中餐铺台、摆台技巧

操作内容：

中餐摆台

铺台布：

铺台布时服务员站在餐桌的一侧或主副位，台布正面朝上，向前将台布抖开，台布图案花饰要端正，褶线居中，凸缝向上，十字居中于正副主人席位，四角下垂部分匀称，四角与桌脚直线垂直，盖住桌脚，多桌宴会时，所有台布规格，颜色要一致。

上转盘：

转盘摆在桌面正中，检查转盘是否旋转灵活。

拉椅定位：

餐椅坐面边缘距下垂台布1厘米，餐椅之间距离均等。

摆放餐具： 依次摆放餐碟：从主人位开始顺时针摆放，摆放距离均等，餐碟距离餐边 1.5 厘米。

酒杯： 手拿杯柄将杯摆放在在餐碟正上方，中心对正杯底与餐碟相距 1 厘米。

筷架： 筷架放于酒杯右侧，以筷子出筷架 1/3 为准。

筷子： 筷子尾部距桌边 1.5 厘米，筷子与餐碟相距 2 厘米并与餐碟中心线平行。

公筷： 公筷摆放在正副主人的正上方，公用筷尾部向右，中心在台面中线上。

茶杯： 茶杯距离筷子 2 厘米，茶杯中心线与骨碟中心线在同一直线上。

香巾托： 香巾托置于定位盘左侧，距定位盘 1 厘米，香巾托距离桌边 1.5 厘米。

汤碗： 汤碗置于餐碟左上 45° 角，与餐碟间距 1 厘米，汤勺置于汤碗中，勺柄向左。

烟灰缸、牙签盅： 从主人右侧摆起每隔两人摆一桌，烟缸下沿与餐碟上沿齐；牙签盅摆在主宾之间。

口布折花：

将口布折花的餐巾放在杯正中，不同的花型要显示出主人、副主人的位置。

7.3.3.5 餐巾折花技巧

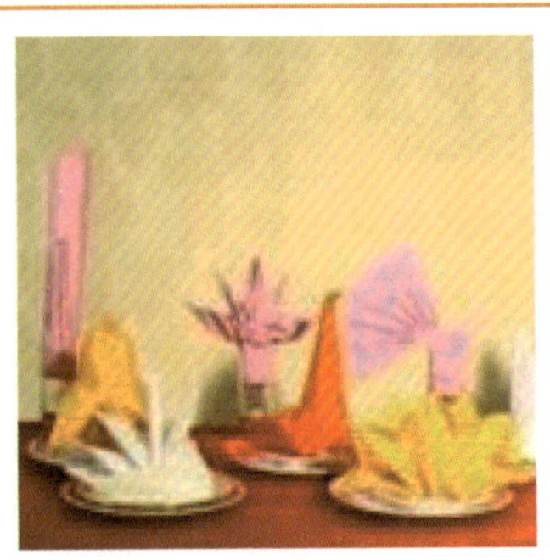

操作内容：

餐巾折叠

推折：

在打折时两个大拇指相对成一线，指面向外，食指或中指向后拉折，并用食指将打好的折挡住，中指控制好下一个折的距离。

要领：要熟悉基本造型，叠时看准折缝线和角度一次叠成，避免反复。

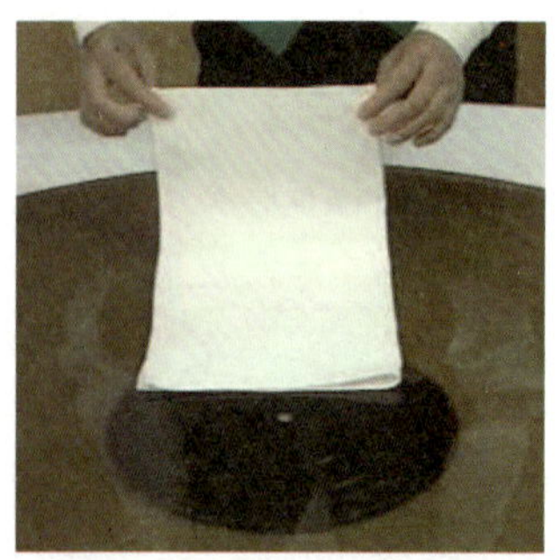

折叠：

将餐巾一折为二，二折为四或者折成三角形、长方形等其他形状。

要领：折时拇指、食指紧紧握裥，不能松开，中指控制间距将餐巾向前推折，要求两边折裥的对称，一般应从中间向两边折，折出的褶裥均匀整齐。

卷：

直卷时，餐巾两头一定要卷平；螺旋卷可先将餐巾折成三角形，餐巾边应参差不齐。不管是直卷还是螺旋卷，餐巾都要卷紧。

要领：卷紧、卷挺，平行卷要求两手用力均匀，一起卷动，餐巾两边形状必须一样。斜角卷要求两手能按所卷角度大小互相配合好。

翻拉：

在折制的过程中，将餐巾折、卷后的部位翻或拉成所需花样。

要领：翻时大小适宜，自然美观。拉时用力要均匀，不要猛拉，否则会损坏花型，前功尽弃。

捏：

主要是做鸟与其他动物的头使用的方法。

要领：棱角分明，鸟类造型的头顶角、嘴尖角到位。

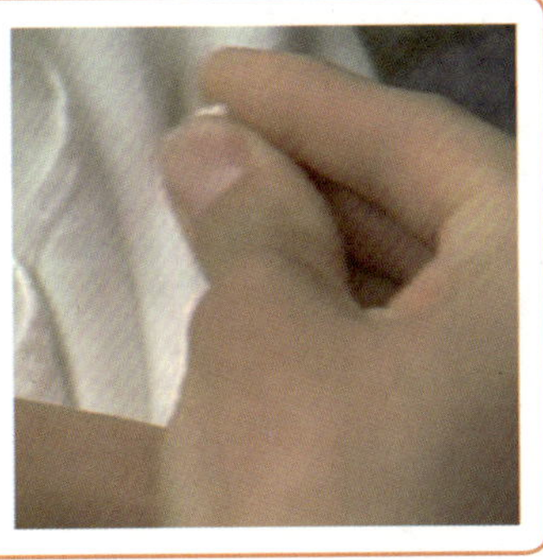

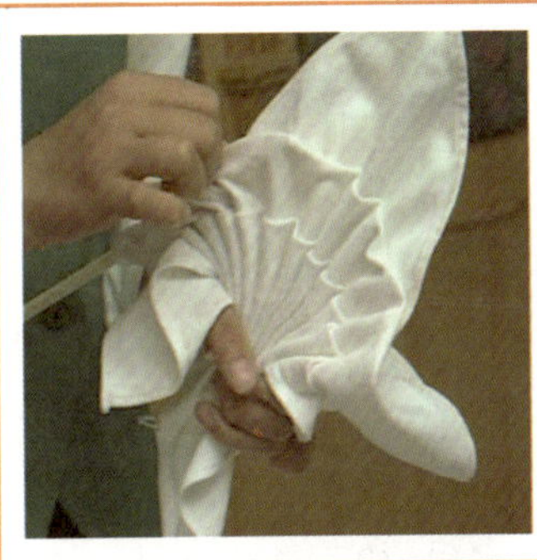

穿：

指用工具从餐巾的夹层折缝中边穿边收，形成褶皱，使造型更加逼真美观的一种方法。

要领：筷子要光滑，拉折要均匀。穿好的褶裥要平、直、细小、均匀。

7.3.3.6 迎送礼仪服务

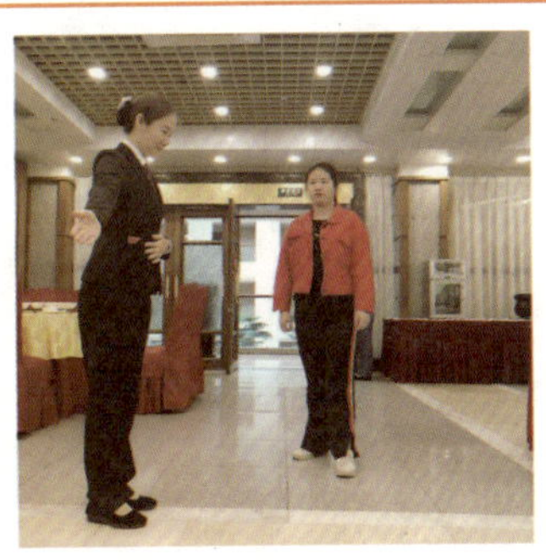

操作内容：

迎宾及送客

迎接客人：

客人到达前 5—10 分钟，迎宾员在宴会厅门口迎候客人，如果餐厅门口离电梯比较近，应到电梯口迎接。

引领客人：

迎送员面带微笑，身体微倾，并使用敬语，走在客人的右前方相距约 1 米处，引领客人到事先安排好的或打算安排的餐桌，引领速度须与客人行走速度相同。

拉椅就座：

当引领客人到餐桌时，迎送员要逐一为客人拉椅。拉椅时要用左膝顶住椅背，双手扶住椅背上部，平稳地将椅拉出，并伸手示意客人就坐。

拉椅送客：

当客人起身准备离开时，上前为客人拉椅，当客人起身后，向客人致谢并提醒客人勿遗留物品。

送客：

在客人前方，把客人送到餐厅门口，当客人走出餐厅门口时，迎送员应提前帮助客人按电梯。

7.3.3.7 斟茶、斟酒技巧

操作内容：

斟倒茶、酒。

斟茶：

1. 斟茶时，右手执茶壶，左手托茶垫，按照先宾后主、女士优先的原则，逐一从客人的右侧倾倒。

2. 斟倒茶水不宜斟得过满，以八分满为准。

3. 斟完茶后，再将茶壶沏满，把茶壶放在餐台上，茶壶嘴不要朝向客人。

斟酒：

1. 站在客人右侧身后，左手托盘，右手拿酒瓶的下半部分，商标面向客人，瓶口离杯口约 1.5—2 厘米。

2. 中餐斟酒不宜太满，一般以八分满为宜，当酒斟到适度时，不要立刻提起，就稍停留旋转 45° 再收回，使瓶口最后一滴酒向瓶口旋转，以免酒水滴在台布上。

3. 斟酒水的标准：白酒八分满，红酒 1/3，加雪碧的红酒 2/3，洋酒 1 安士，啤酒八分啤酒两分泡沫。斟酒水时先从主宾开始，顺时针方向依次斟倒。

4. 斟酒水时注意事项：斟酒水时不能站在客人的左侧，不准左右开弓，不准隔位斟、反手斟。斟酒时瓶口不可碰到杯口上，注意控制酒水的速度，斟酒水时，一要速度慢；二要酒瓶倾斜，啤酒和汽水一起倒时，先倒汽水再倒啤酒。席间倒酒，酒水剩 1/3 时，应及时加，如不加就将空杯撤走。如不小心撞翻酒杯，应用干净抹布擦干再斟上。

5. 斟其他酒水的服务：花雕酒，准备卡式炉、冰桶、酒壶、水、口布。洋酒，如要加冰块，准备冰桶、冰块、冰夹、洋酒杯。需要加热的酒水有：花雕、女儿红；加热酒水的方法主要有：水烫法、蒸汽法、火烤法、酒精加热法。

7.3.3.8 更换用具

项目	操作细则	备注
撤换骨碟	1. 根据宾客人数准备相应骨碟放入托盘内，要求装盘合理、稳妥。 2. 从宾客右侧开始按顺时针方向依次进行撤换，注意托盘应使用侧托方法。 3. 从台面上撤下脏骨碟放入托盘内，再取干净骨碟放回原处，做到“右撤右上，先撤后上”。 4. 更换骨碟时，应将所收骨碟内残渣倒入所收脏骨碟中，便于托盘内的骨碟码放。 5. 操作时遵循“先女后男，先老后幼，先宾后主”的原则进行。 6. 撤换时轻拿轻放，注意骨渣等不要洒在宾客身上，做到平进平出。 7. 如有宾客将筷子放在所撤餐具上时，应提醒宾客将筷子放在其他餐具上，为其更换完毕，再将筷子还原摆放	1. 撤换其他餐具，方法相同。 2. 规范用语：“先生/女士，打扰一下。”
撤换烟缸	1. 常规服务 1.1 将烟缸放入托盘内，走至宾客的右侧，右脚迈入二椅之间，与左脚成“丁”字形。 1.2 用右手将干净的烟缸覆盖在所换烟缸上，用大拇指、食指和中指握住；烟缸（食指和中指分别拿住上、下烟缸），一并撤入托盘内。 1.3 再将干净烟缸放回原处。 2. 两个烟缸换一个烟缸 2.1 若烟缸内脏物较多，用托盘托两个干净的烟缸走至宾客的右侧，右脚迈入二椅之间，与左脚成“丁”字形。 2.2 用右手将干净的烟缸覆盖在所换烟缸上，用大拇指、食指和中指握住烟缸（食指和中指分别拿住上、下烟缸），一并撤入托盘内。 2.3 再将另一个烟缸放回原处。 3. 撤换要求 3.1 撤换时，烟缸不要与其他餐用具混装在一起。 3.2 干净烟缸的烟槽成“品”字形。 3.3 要求烟头不超过两个。 3.4 若宾客烟头掉在桌面上时，不用手去捡烟头。 3.5 服务中，随时为无烟缸使用的宾客上烟缸。 3.6 如果撤换时，宾客有香烟放在烟缸，应示意宾客后再进行撤换，并致谢	规范用语：“先生/女士，打扰一下。”

7.3.3.9 清洁用品使用知识

名称	适用范围	使用方法与注意事项
全能清洁剂	家具、瓷砖、大理石、胶地板、浴室、卫生间厕盆、玻璃幕墙的清洁和消毒	1. 在容器内用清水按比例稀释后使用。 2. 按使用说明书要求比例进行配比
洁厕灵	马桶、洗手盆等卫生洁具的顽固污渍及水垢的清除	1. 先用清水刷洗，然后喷上洁厕灵，用刷子刷净污垢后，清水冲洗，最后用拖把或抹布拖干或擦干。 2. 应尽量控制使用频率。 3. 家政服务时禁止使用
去污粉	水泥制品、陶瓷制品油污及亚光面石材表面污迹的清除	用去污粉刷洗，之后用清水冲洗，对陶瓷制品用毛巾抹干
玻璃水	玻璃镜面和玻璃制品污迹的清除和上光	均匀喷上玻璃水，然后用干抹布擦干或用玻璃刮刀刮洗
洁而亮	木质、瓷质、塑料、金属物品等表面清洁	1. 清除灰尘。 2. 将洁而亮倒在干净抹布上或者直接倒在物品需清洁的部位。 3. 用半干抹布进行擦拭，再用湿抹布彻底擦拭
碧丽珠	皮具、皮革、木质用品、聚酯漆面、防火胶板等清洁和上光	1. 先用湿抹布将表面擦干净、晾干。 2. 摇动均匀，直立喷射于物品表面。 3. 用干抹布擦拭干净
蓝威宝	塑料制品表面、地毯的茶、饮品、鞋油污迹清除及厨房用品用具油渍的清除、金属饰物的清洁	1. 较顽固污迹稀释比例为 1 ∶ 3，一般污迹稀释比例为 1 ∶ 20。 2. 厨房油渍直接用蓝威宝对污迹喷射，用毛巾抹净。 3. 地毯上的茶渍、饮料渍、鞋油渍，用蓝威宝喷射，片刻后轻擦，用干毛巾吸去污垢即可
除锈剂	大理石表面的除锈	1. 用白布或棉花先铺在表面。 2. 淋上除锈剂约 2 小时，进行充分氧化。 3. 视情况用清水冲洗

（续表）

名称	适用范围	使用方法与注意事项
特高 128	去油迹、香口胶迹，血、唇膏、墨汁及宠物的尿迹等	1．清理香口胶迹用原液。 2．其他视情况进行比例配兑。 3．使用前请详细阅读说明书或局部试验
不锈钢清洁剂	不锈钢制品的清洁、上光、保养	1．喷涂于需清洁的不锈钢表面后，即用软布或海绵将污迹擦除，再用清水多次擦洗直至干净即可，对较难除的污迹，可按上述方法重复使用。 2．清洁亚光类不锈钢表面时，喷涂在湿布上顺自然纹路进行擦抹，并立即用清水清洗，干后用干软的布打光即可
铜亮剂	铜制品的清洁、上光、保养	1．清除灰尘，将铜亮剂用手动喷壶呈喷雾状均匀喷洒到铜制品表面。 2．用干净干抹布沿纹路进行擦拭

7.3.3.10 食堂工具使用知识

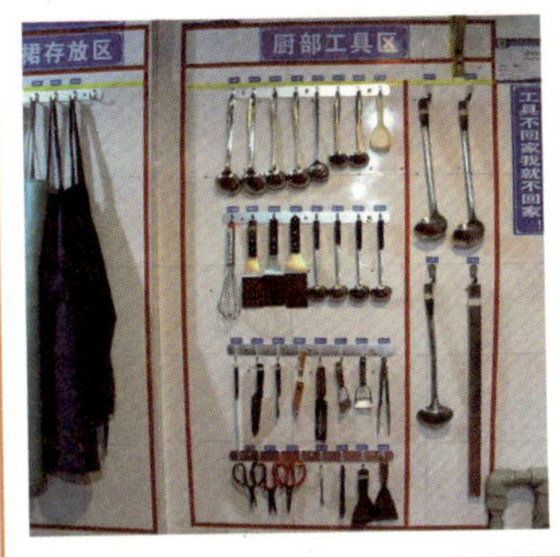

操作内容： 工器具使用

操作部门： 餐饮部

操作人员： 厨师、点心师

搅拌机：

接通电源；安装相应的搅拌棒及搅拌桶；调节所需速度档位，试运行 3 分钟，确认正常；将食品放进桶内，按启动开关运行；作业完毕，按停止开关；机器完全停止，方可卸下搅拌杆 / 桶，取出食品；认真清洁搅拌机及配件。

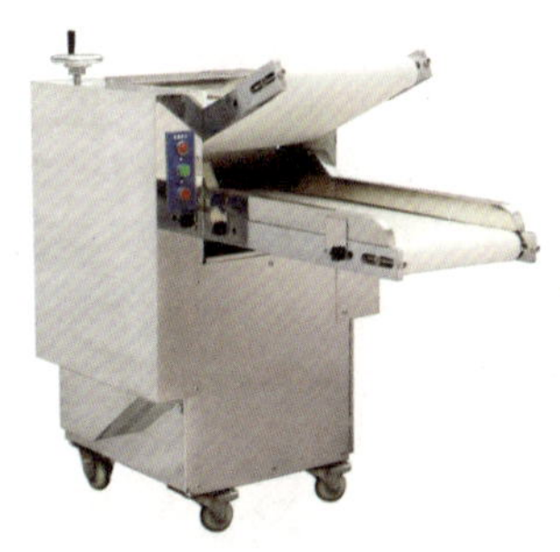

压面机：

首先调节后轮宽度；按启动开关按钮开机；放入面团压面；按停止开关按钮停机；使用完毕，应清洁压面机。

绞肉机：

检查机器及配件是否完好正常；安装搅肉轴；开启电源开关，空载运行 3 分钟，确认情况正常，方可投入使用；安装相应粗细出肉板，安装固定扣，切勿放置骨头等硬物进入机内。作业完毕，切断电源；工作前后应做好清洁卫生，严禁使用腐蚀性清洁剂清洗或用水直接冲洗机器。

磨浆机：

接通电源；调至相应的粗细度，空机运载3分钟；确认正常，方可投入使用，注意操作安全；作业完毕，认真清洁磨浆机。

和面机：

将食品放干搅拌桶里；放下安全铁网；按动低速或高速开关；作业完毕，按停止开关；待机器完全停止，取出食品；认真清洁机器。

电烤箱：

先放入要烧烤的食物，关上门后，再合闸通电；温度指示控制仪要调整正确；烧烤食品时，需要经检查后再使用；要把每次烧烤食物的残渣清理干净；如发现漏电故障，应马上切断电源，找电工修理，不得私自开机修理；使用后，关掉所有的电源开关。

7.3.4 其他工作要求及工作忌讳

无。

八、公寓服务岗位培训手册

8.1 人员架构

8.2 工作区域

8.3 培训内容

8.3.1 培训目标

8.3.2 操作流程

8.3.3 业务知识

8.3.4 其他工作要求及工作忌讳

8.1 人员架构

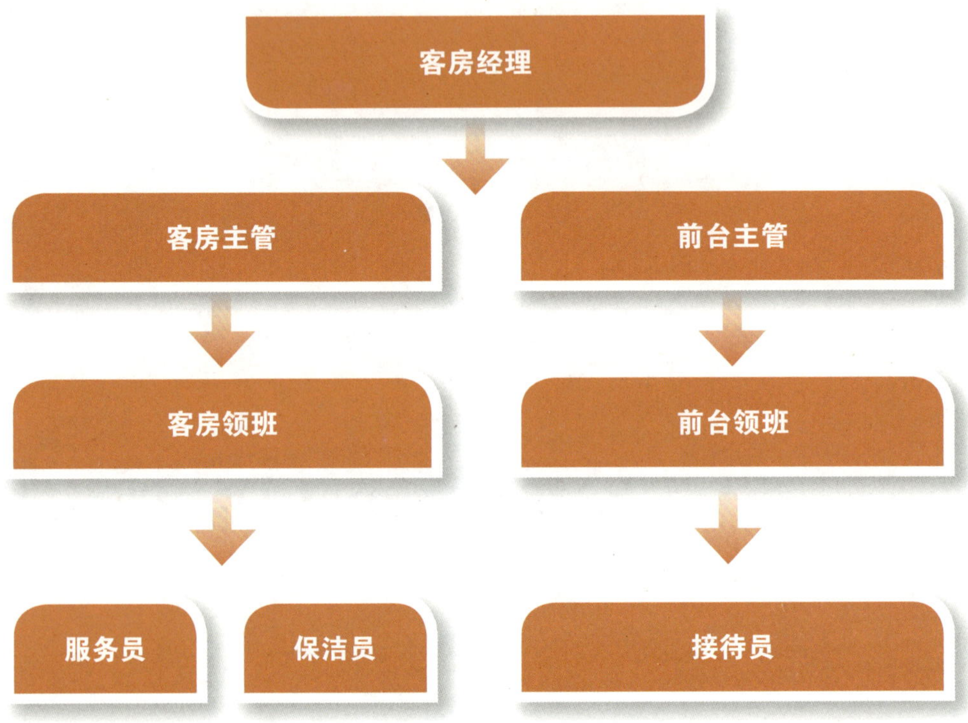

8.2 工作区域

8.3 培训内容

8.3.1 培训目标

关注重点

1. 了解上岗时礼仪、仪表、行为规范的要求。
2. 记住本人的《岗位操作手册》内容，主要包括客房工作步骤、工作内容、工作标准及禁忌事项。
3. 了解并熟悉本人负责的客房区域的服务设备设施的正确使用方法。
4. 了解清相关业务知识。
5. 了解一些工作特殊要求（按需）。

8.3.2 操作流程

8.3.2.1 房间整理清洁流程

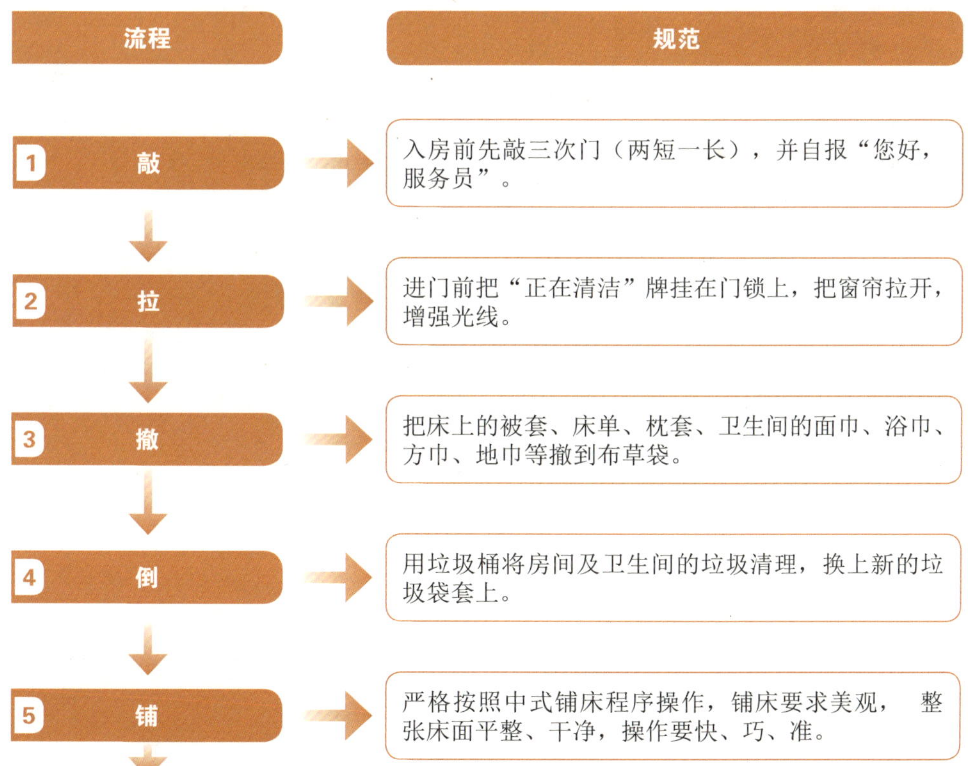

流程	规范
1 敲	入房前先敲三次门（两短一长），并自报“您好，服务员”。
2 拉	进门前把“正在清洁”牌挂在门锁上，把窗帘拉开，增强光线。
3 撤	把床上的被套、床单、枕套、卫生间的面巾、浴巾、方巾、地巾等撤到布草袋。
4 倒	用垃圾桶将房间及卫生间的垃圾清理，换上新的垃圾袋套上。
5 铺	严格按照中式铺床程序操作，铺床要求美观， 整张床面平整、干净，操作要快、巧、准。

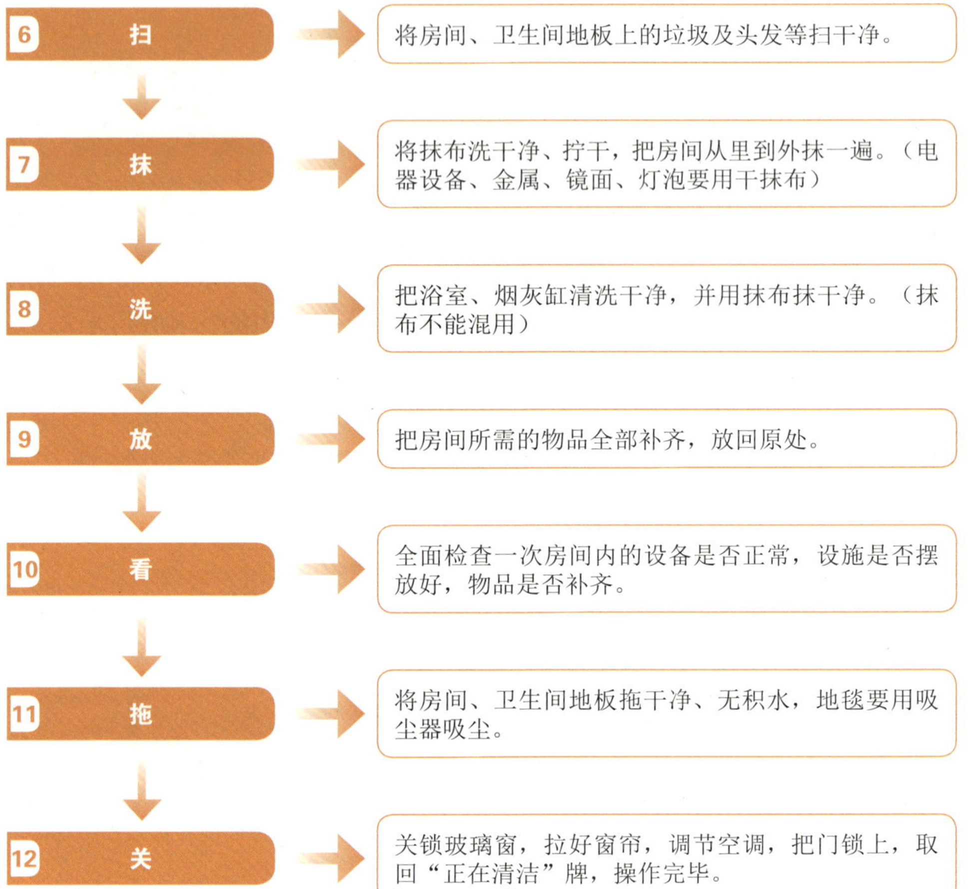
6 扫
将房间、卫生间地板上的垃圾及头发等扫干净。
7 抹
将抹布洗干净、拧干，把房间从里到外抹一遍。（电器设备、金属、镜面、灯泡要用干抹布）
8 洗
把浴室、烟灰缸清洗干净，并用抹布抹干净。（抹布不能混用）
9 放
把房间所需的物品全部补齐，放回原处。
10 看
全面检查一次房间内的设备是否正常，设施是否摆放好，物品是否补齐。
11 拖
将房间、卫生间地板拖干净、无积水，地毯要用吸尘器吸尘。
12 关
关锁玻璃窗，拉好窗帘，调节空调，把门锁上，取回“正在清洁”牌，操作完毕。

8.3.2.2 房间卫生间整理流程

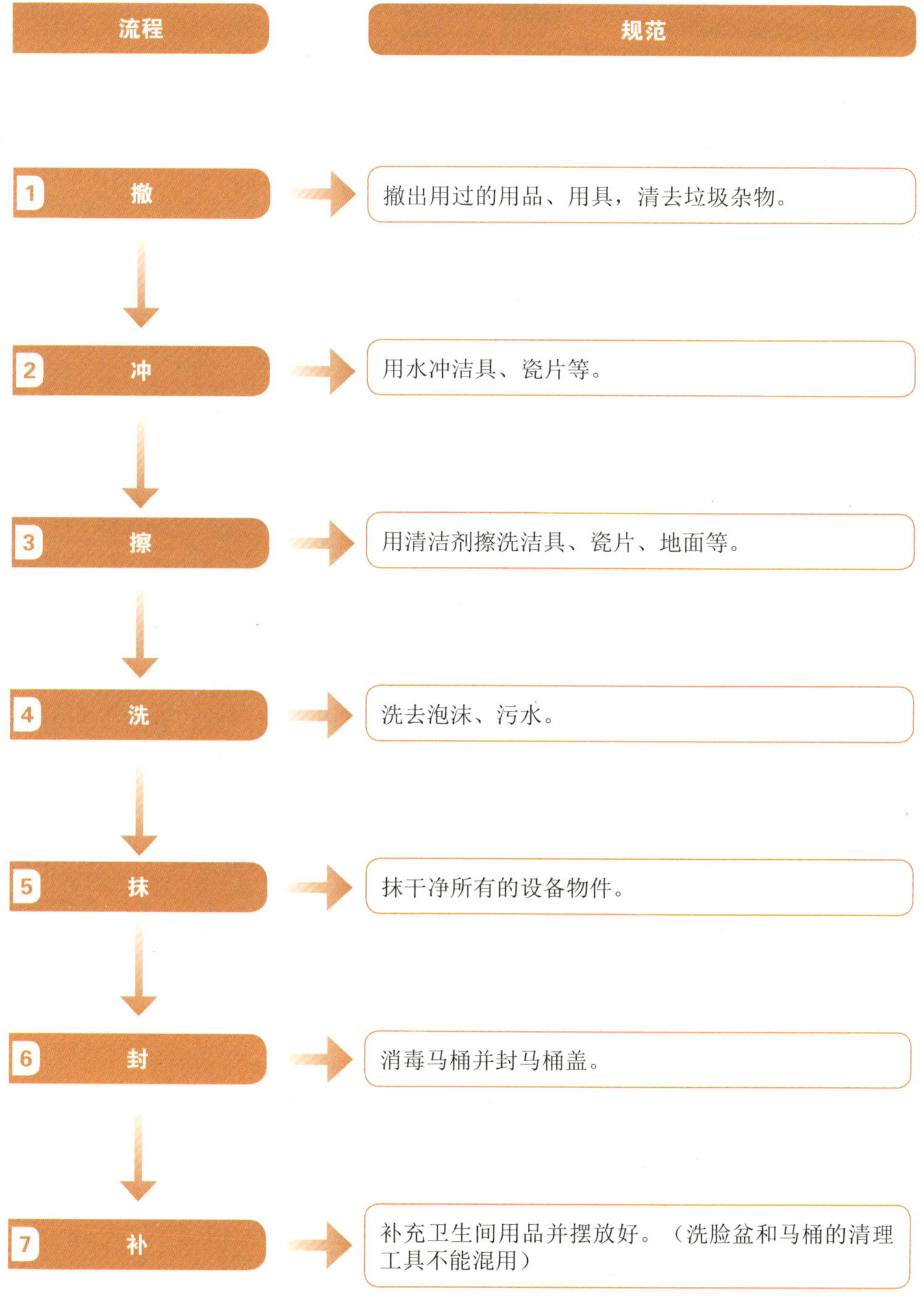

8.3.2.3 楼道及走廊清洁流程

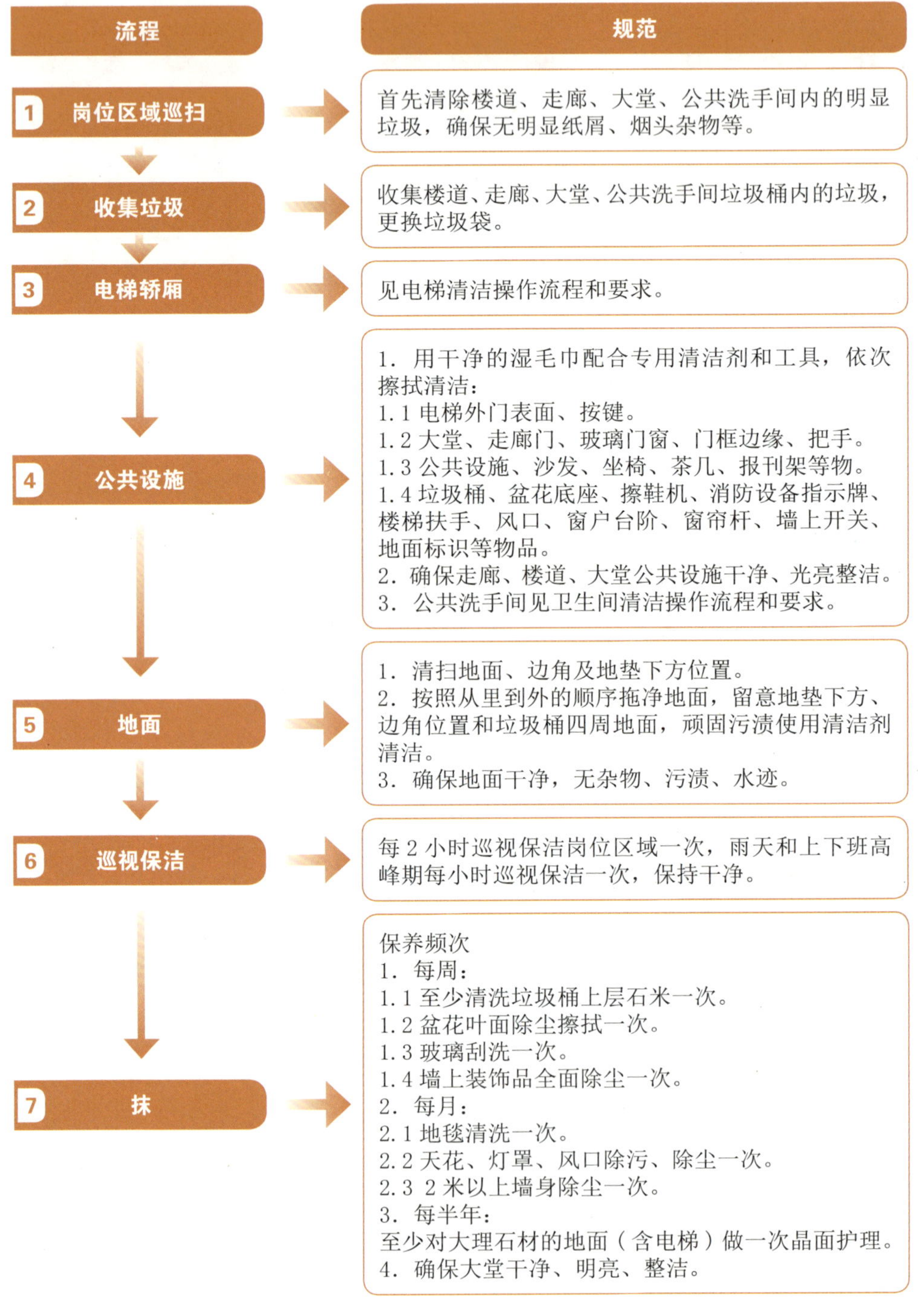

流程	规范
1 岗位区域巡扫	首先清除楼道、走廊、大堂、公共洗手间内的明显垃圾，确保无明显纸屑、烟头杂物等。
2 收集垃圾	收集楼道、走廊、大堂、公共洗手间垃圾桶内的垃圾，更换垃圾袋。
3 电梯轿厢	见电梯清洁操作流程和要求。
4 公共设施	1. 用干净的湿毛巾配合专用清洁剂和工具，依次擦拭清洁： 1.1 电梯外门表面、按键。 1.2 大堂、走廊门、玻璃门窗、门框边缘、把手。 1.3 公共设施、沙发、坐椅、茶几、报刊架等物。 1.4 垃圾桶、盆花底座、擦鞋机、消防设备指示牌、楼梯扶手、风口、窗户台阶、窗帘杆、墙上开关、地面标识等物品。 2. 确保走廊、楼道、大堂公共设施干净、光亮整洁。 3. 公共洗手间见卫生间清洁操作流程和要求。
5 地面	1. 清扫地面、边角及地垫下方位置。 2. 按照从里到外的顺序拖净地面，留意地垫下方、边角位置和垃圾桶四周地面，顽固污渍使用清洁剂清洁。 3. 确保地面干净，无杂物、污渍、水迹。
6 巡视保洁	每 2 小时巡视保洁岗位区域一次，雨天和上下班高峰期每小时巡视保洁一次，保持干净。
7 抹	保养频次 1. 每周： 1.1 至少清洗垃圾桶上层石米一次。 1.2 盆花叶面除尘擦拭一次。 1.3 玻璃刮洗一次。 1.4 墙上装饰品全面除尘一次。 2. 每月： 2.1 地毯清洗一次。 2.2 天花、灯罩、风口除污、除尘一次。 2.3 2 米以上墙身除尘一次。 3. 每半年： 至少对大理石材的地面（含电梯）做一次晶面护理。 4. 确保大堂干净、明亮、整洁。

8.3.2.4 前台服务流程（入住流程及规范）

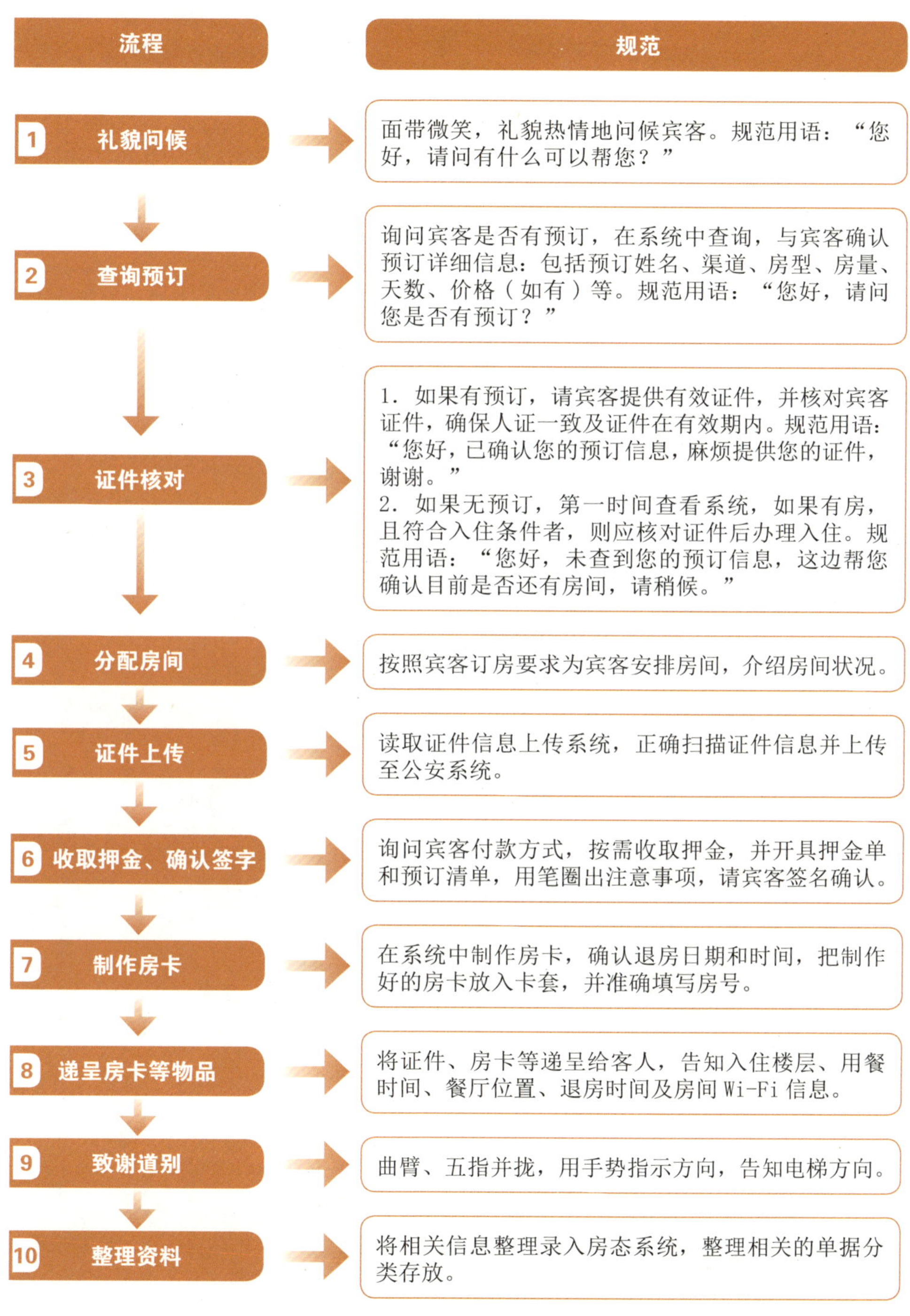

流程	规范
1 礼貌问候	面带微笑，礼貌热情地问候宾客。规范用语：“您好，请问有什么可以帮您？”
2 查询预订	询问宾客是否有预订，在系统中查询，与宾客确认预订详细信息：包括预订姓名、渠道、房型、房量、天数、价格（如有）等。规范用语：“您好，请问您是否有预订？”
3 证件核对	1. 如果有预订，请宾客提供有效证件，并核对宾客证件，确保人证一致及证件在有效期内。规范用语：“您好，已确认您的预订信息，麻烦提供您的证件，谢谢。” 2. 如果无预订，第一时间查看系统，如果有房，且符合入住条件者，则应核对证件后办理入住。规范用语：“您好，未查到您的预订信息，这边帮您确认目前是否还有房间，请稍候。”
4 分配房间	按照宾客订房要求为宾客安排房间，介绍房间状况。
5 证件上传	读取证件信息上传系统，正确扫描证件信息并上传至公安系统。
6 收取押金、确认签字	询问宾客付款方式，按需收取押金，并开具押金单和预订清单，用笔圈出注意事项，请宾客签名确认。
7 制作房卡	在系统中制作房卡，确认退房日期和时间，把制作好的房卡放入卡套，并准确填写房号。
8 递呈房卡等物品	将证件、房卡等递呈给客人，告知入住楼层、用餐时间、餐厅位置、退房时间及房间 Wi-Fi 信息。
9 致谢道别	曲臂、五指并拢，用手势指示方向，告知电梯方向。
10 整理资料	将相关信息整理录入房态系统，整理相关的单据分类存放。

8.3.2.5 前台服务流程（退房流程及规范）

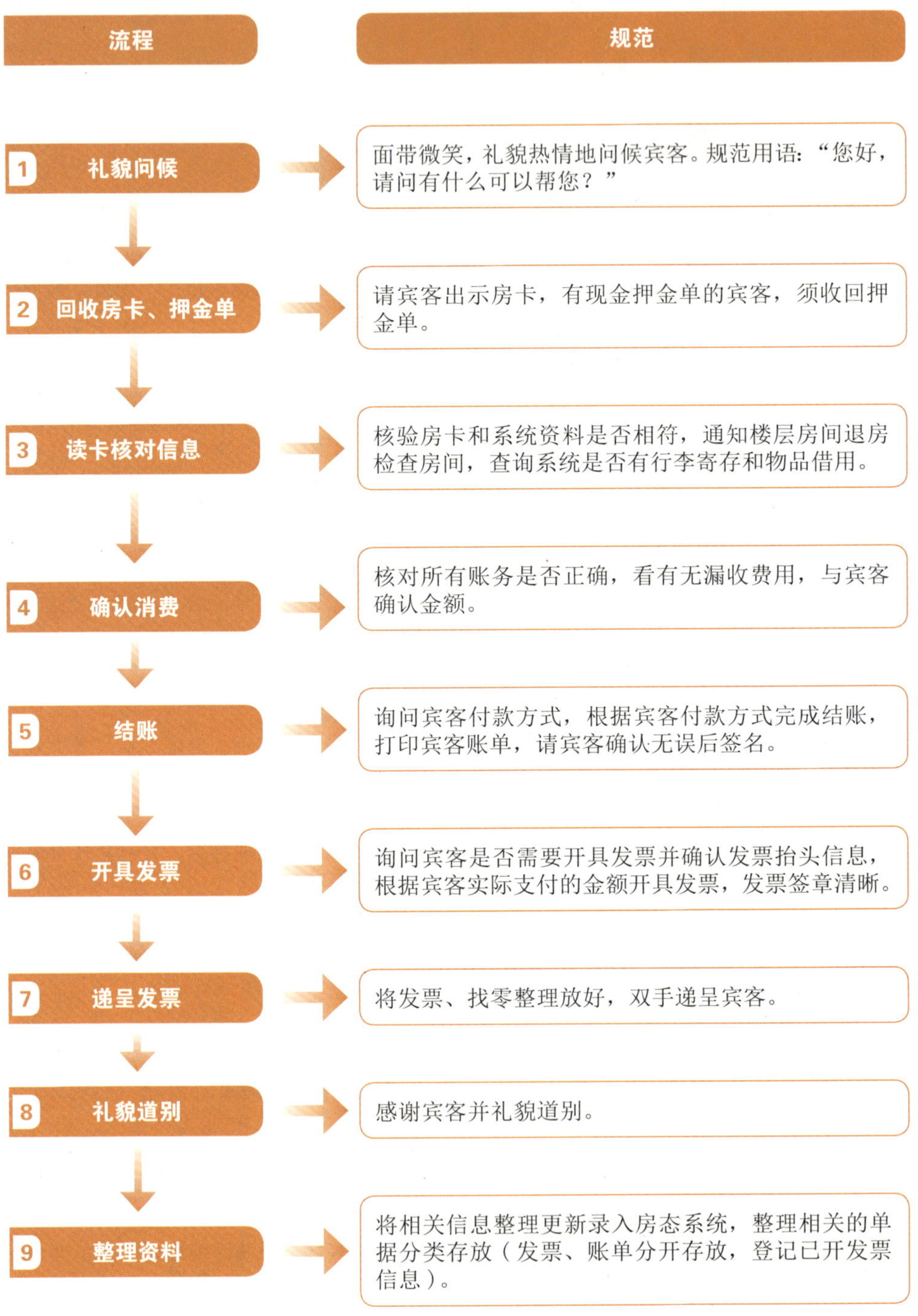

流程	规范
1 礼貌问候	面带微笑，礼貌热情地问候宾客。规范用语：“您好，请问有什么可以帮您？”
2 回收房卡、押金单	请宾客出示房卡，有现金押金单的宾客，须收回押金单。
3 读卡核对信息	核验房卡和系统资料是否相符，通知楼层房间退房检查房间，查询系统是否有行李寄存和物品借用。
4 确认消费	核对所有账务是否正确，看有无漏收费用，与宾客确认金额。
5 结账	询问宾客付款方式，根据宾客付款方式完成结账，打印宾客账单，请宾客确认无误后签名。
6 开具发票	询问宾客是否需要开具发票并确认发票抬头信息，根据宾客实际支付的金额开具发票，发票签章清晰。
7 递呈发票	将发票、找零整理放好，双手递呈宾客。
8 礼貌道别	感谢宾客并礼貌道别。
9 整理资料	将相关信息整理更新录入房态系统，整理相关的单据分类存放（发票、账单分开存放，登记已开发票信息）。

8.3.2.6 房间退房检查流程

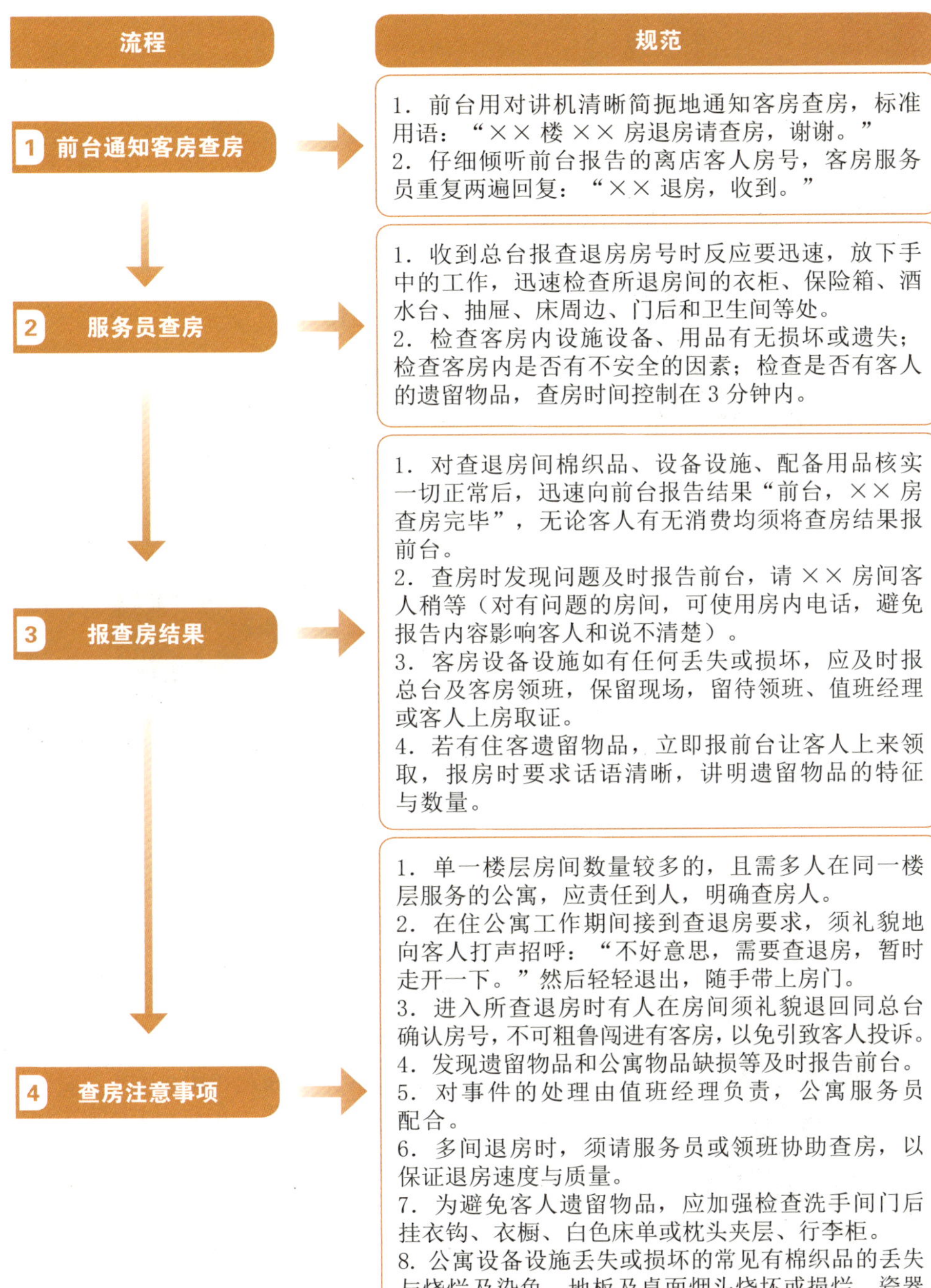

流程	规范
1 前台通知客房查房	1. 前台用对讲机清晰简扼地通知客房查房，标准用语：“×× 楼 ×× 房退房请查房，谢谢。” 2. 仔细倾听前台报告的离店客人房号，客房服务员重复两遍回复：“×× 退房，收到。”
2 服务员查房	1. 收到总台报查退房房号时反应要迅速，放下手中的工作，迅速检查所退房间的衣柜、保险箱、酒水台、抽屉、床周边、门后和卫生间等处。 2. 检查客房内设施设备、用品有无损坏或遗失；检查客房内是否有不安全的因素；检查是否有客人的遗留物品，查房时间控制在 3 分钟内。
3 报查房结果	1. 对查退房间棉织品、设备设施、配备用品核实一切正常后，迅速向前台报告结果“前台，×× 房查房完毕”，无论客人有无消费均须将查房结果报前台。 2. 查房时发现问题及时报告前台，请 ×× 房间客人稍等（对有问题的房间，可使用房内电话，避免报告内容影响客人和说不清楚）。 3. 客房设备设施如有任何丢失或损坏，应及时报总台及客房领班，保留现场，留待领班、值班经理或客人上房取证。 4. 若有住客遗留物品，立即报前台让客人上来领取，报房时要求话语清晰，讲明遗留物品的特征与数量。
4 查房注意事项	1. 单一楼层房间数量较多的，且需多人在同一楼层服务的公寓，应责任到人，明确查房人。 2. 在住公寓工作期间接到查退房要求，须礼貌地向客人打声招呼：“不好意思，需要查退房，暂时走开一下。”然后轻轻退出，随手带上房门。 3. 进入所查退房时有人在房间须礼貌退回同总台确认房号，不可粗鲁闯进有客房，以免引致客人投诉。 4. 发现遗留物品和公寓物品缺损等及时报告前台。 5. 对事件的处理由值班经理负责，公寓服务员配合。 6. 多间退房时，须请服务员或领班协助查房，以保证退房速度与质量。 7. 为避免客人遗留物品，应加强检查洗手间门后挂衣钩、衣橱、白色床单或枕头夹层、行李柜。 8. 公寓设备设施丢失或损坏的常见有棉织品的丢失与烧烂及染色、地板及桌面烟头烧坏或损烂、瓷器及玻璃器皿损烂、少遥控器及防毒面具开封等。

8.3.3 业务知识

8.3.3.1 中式铺床技巧

拉床垫：

将床位拉离床头板。

弯腰下蹲，双手将床架抬高，慢慢拉出距床头30—50厘米，将床垫拉正对齐。

铺床垫：

站在床尾正中位置，用左手抓住床单的一头，右手将床单的另一头抛向床面，并提起床单的边缘角，顺势向右甩开床单，打松床单在床面。

开单：将床头方向床单打开，使床单朝上中线居中。

包角：

从床尾做起，将下垂部分床单掖进床垫下面，将侧面下垂床单拉起折角，右手将右角部分床单掖入床垫下面，然后将折角往下垂直拉紧包成直角掖入床垫下面。

侧包法：包角要求内角45°，外角90°（包角均在床的长边上）四角紧包，表面平整。

套被罩：

将被罩拉开，两手抓被角套入被罩，
扎紧被罩绳，将下垂部分包住床垫。
被子回折：回折宽度 40 厘米（若被子有压边线回折宽度以压边线为准）。

套枕套：

枕芯平放床上，打开枕袋口，并将枕芯塞入枕套里，把袋口封好。
套好的枕头必须四角饱满、平整且枕心不外露。

放枕头：

两个枕头叠放至床中线位置。
下面枕头反压住被罩 15 厘米，放好枕头，床边两侧均匀。

复位检查：

看一遍床铺是否整齐美观，对做得不够规整的地方进行整理。
枕头四角饱满，外形平整、挺括，枕芯不外露，床面挺括美观。

8.3.3.2 抹布的使用方法和规范（五色毛巾管理）

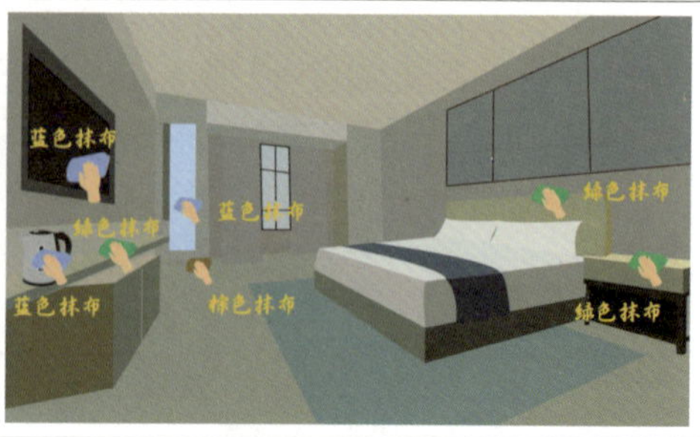

在各区域实行分色管理，减少交叉污染（五色毛巾三湿两干）

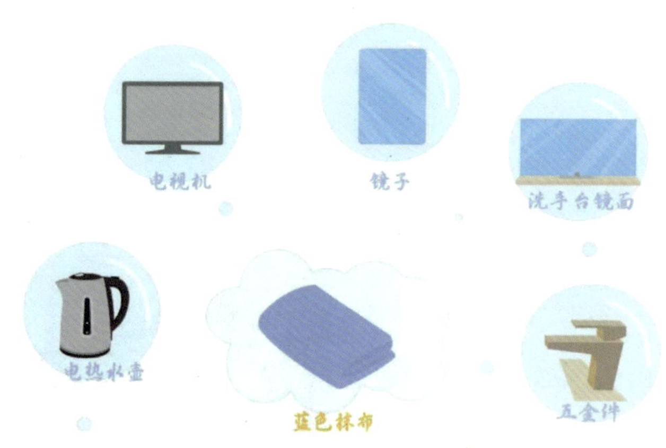

蓝色毛巾（干）： 主要用于电水壶、电视机、镜子、水龙头等

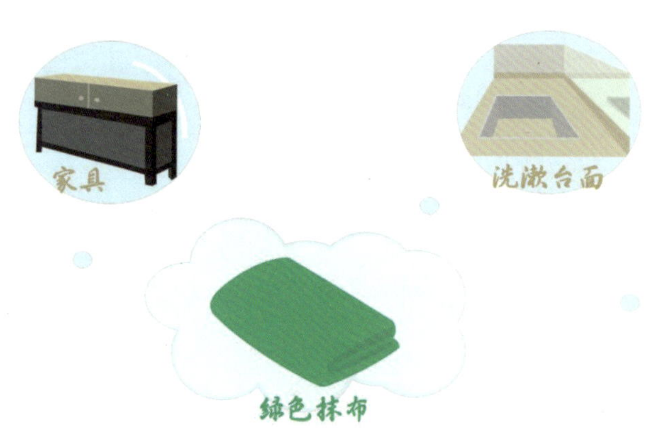

绿色毛巾（湿）： 家具、洗漱台面

（续表）

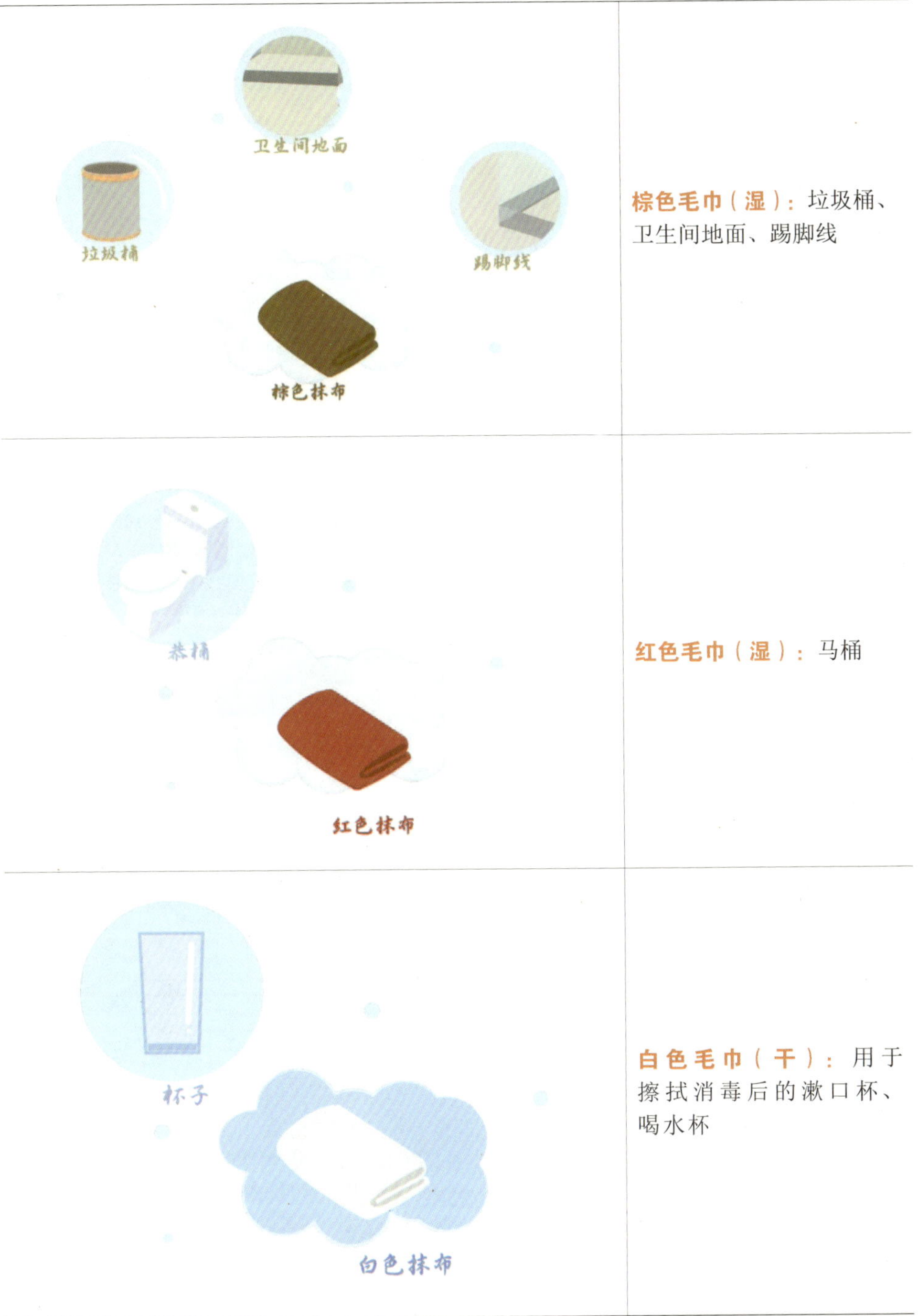

	棕色毛巾（湿）： 垃圾桶、卫生间地面、踢脚线
	红色毛巾（湿）： 马桶
	白色毛巾（干）： 用于擦拭消毒后的漱口杯、喝水杯

8.3.3.3 客房杯具清洁要点

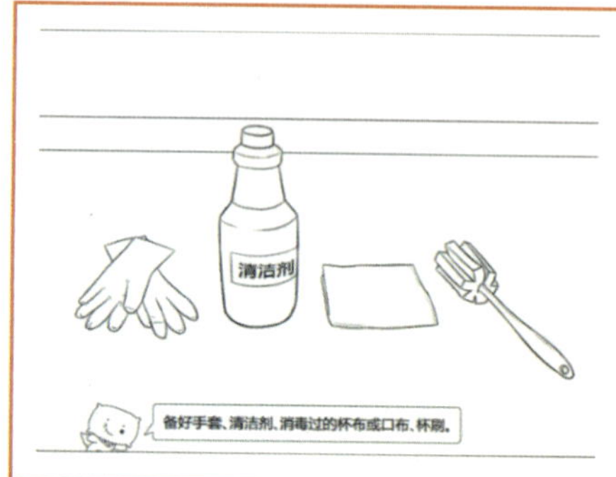

准备：

准备好清洁用具。

冲洗：

倒掉杯中残留物，进行冲洗。

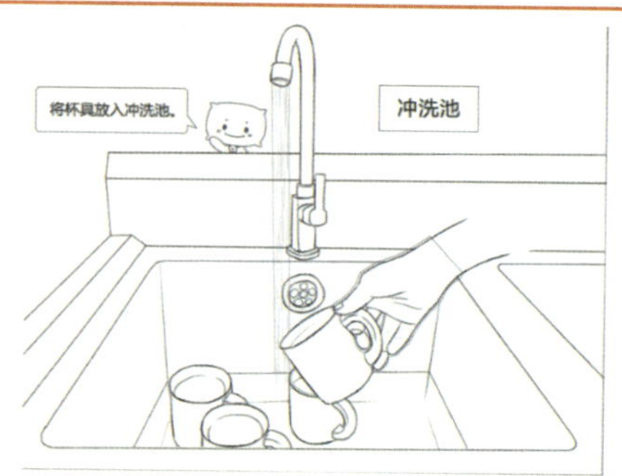

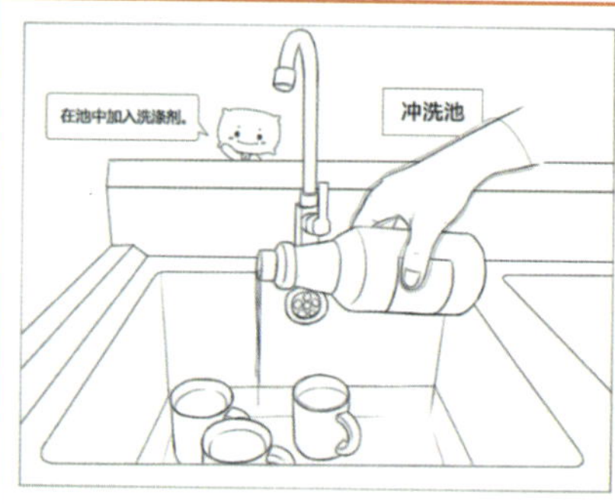

清洗：

加入洗涤剂。

清洗：

用杯刷去除残渣和污垢。

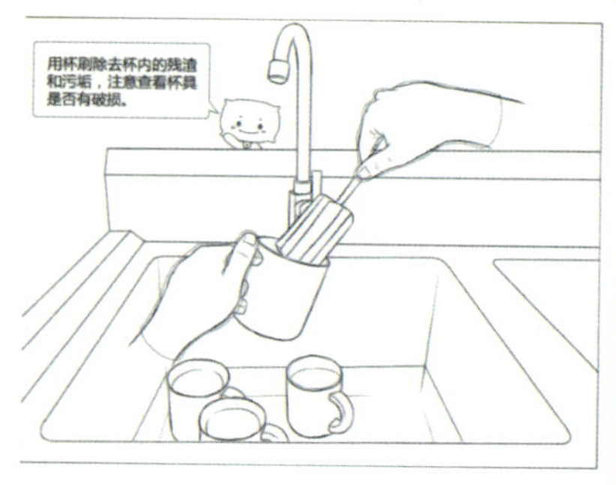

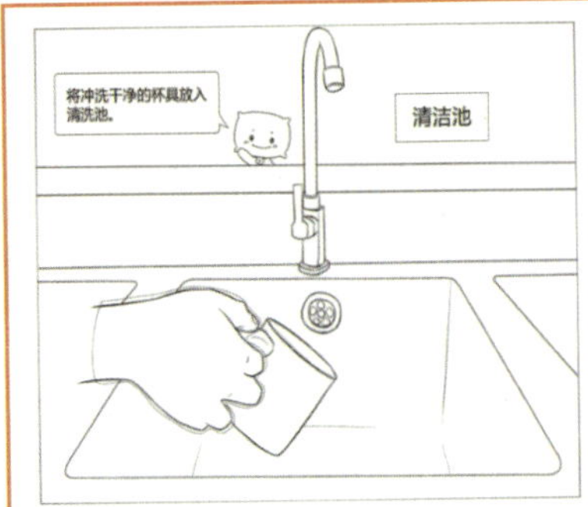

清洗：

将冲洗干净的杯具进行第一次清洗。

清洗：

逐个清洗两遍。

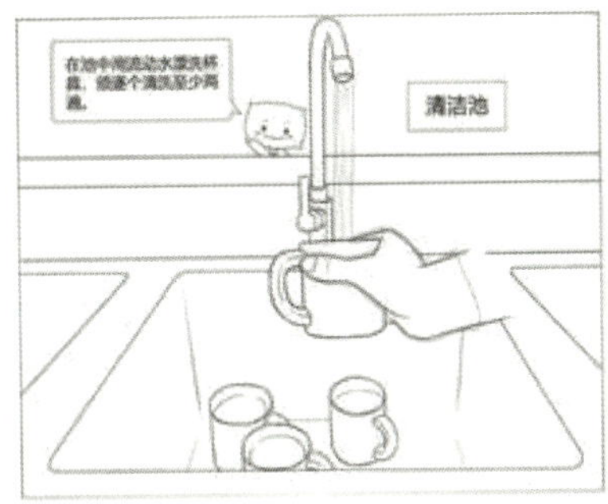

擦干：

擦干杯中残留水渍。

消毒：

放入消毒柜消毒。

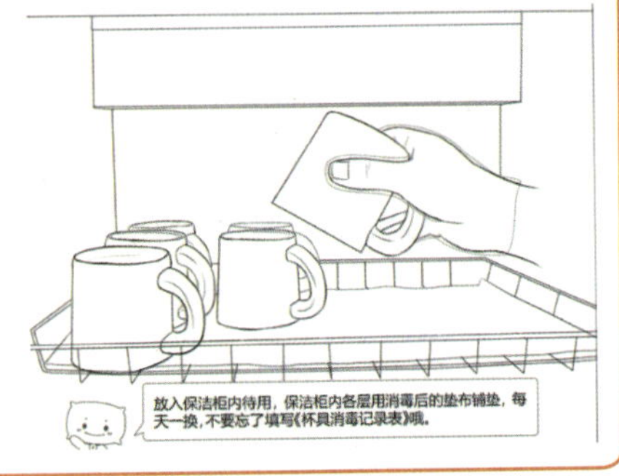

8.3.3.4 清洁用品使用知识

全能清洁剂：

家具、瓷砖、大理石、胶地板、浴室、卫生间厕盆、玻璃幕墙的清洁和消毒。

1. 在容器内用清水按比例稀释后使用。
2. 按使用说明书要求比例进行配比。

玻璃清洁剂：

玻璃镜面和玻璃制品污迹的清除和上光。

均匀喷上玻璃水，然后用干抹布擦干或用玻璃刮刀刮洗。

洁厕灵：

马桶、洗手盆等卫生洁具的顽固污渍及水垢的清除。

1. 先用清水刷洗，然后喷上洁厕灵，用刷子刷净污垢后，清水冲洗，最后用拖把或抹布拖干或擦干。
2. 切勿接触眼睛、金属件。

消毒水：

毛巾、拖把等清洗消毒。

1. 一般的表面消毒，可按 1∶30 的稀释比例。
2. 不可与其他清洁剂同时或者混合使用。

地毯水：

塑料制品表面、地毯上的各类污迹清除、金属饰物的清洁。

1. 较顽固污迹稀释比例为 1∶3，一般污迹稀释比例为 1∶20。
2. 需要吸干地毯，不然容易残留水渍。

酒精：

对电话机的清洁、消毒。

1. 用湿毛巾抹干净，给话筒喷上少许电话消毒剂。
2. 用干毛巾擦干；易燃防火。

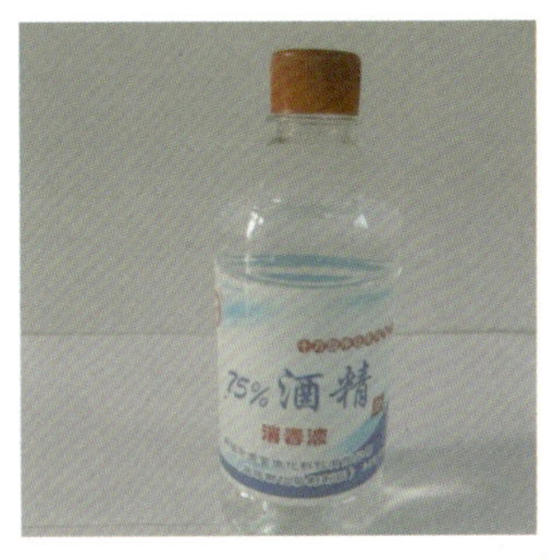

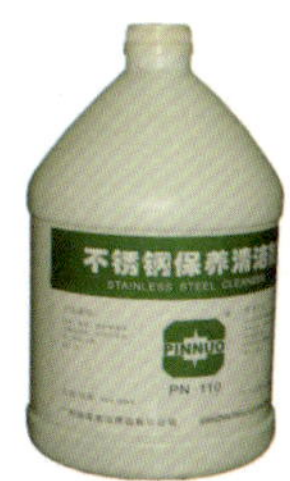

不锈钢清洁剂：

不锈钢制品的清洁、上光、保养。

1. 喷涂表面后，即用软布或海绵将污迹擦除再用清水多次擦洗直至干净，对较难除的污迹，可重复使用。
2. 清洁亚光类不锈钢表面时，喷涂在湿布上顺自然纹路进行擦抹，并立即用清水清洗，干后用干软的布打光即可。

空气清新剂：

清新空气，去掉烟味或不良气味。

从里往外喷，不能喷洒过多。

8.3.3.5 客户清洁工具使用及注意事项

吸尘器：

1. 使用前检查电源线是否有破损或松脱、吸尘机头是否有隔尘网片、机身耳钩是否有损坏或丢失。
2. 将电线伸展开，握紧插头，正确地接通电源。拉吸尘器时应一手抓住吸管，一手握住吸尘器的拉手，方便走动，避免碰撞其他物体。
3. 作业时须在工作区域摆放安全提示牌。

注意：禁止直接拉着吸管走，避免减少吸管的使用寿命。

吸水机：

1. 将主机、操作手柄、水箱及清洁刷安装好。
2. 电压为 220 伏。不适当电压会造成工作不正常，甚至烧毁。
3. 可加入适量清洁剂的水溶液。
4. 将操作手柄调节到操作习惯的角度。
5. 开动前用双手握紧操作手柄，且旁边不要站人，防止撞伤。
6. 松开电源开关拉手，就会停止工作。
7. 作业时须在工作区域摆放安全提示牌。

注意：不能雨水中作业，会造成漏电或烧毁机器。

洗地机：

1. 手握把手用力按动机体，使机体头部向上倾斜，然后在机底部转盘正中安上地毯刷。
2. 把机体放平，使转盘连同地毯刷紧贴地面。
3. 拉动右手边的高度控制杆调节好手柄高度和角度。
4. 地毯液按照 1∶1.5 比例兑成地毯溶液，装入泡箱内。
5. 开动右手的水箱控制开关，将地毯溶液喷洒在地毯上。
6. 按动左手边的机身电源开关，地毯刷开始移动。当手柄提升时，机身向右移动，当手柄向下时，机身向左移动。
7. 右行与左行连贯进行，上行与下行之间要重叠 1/3。

注意：加水时避免溅至电源引发漏电。

高压清洗机：

1. 接好进出水管，插上电源。

2. 按下电源启动开关，打开进水开关向泵内注水，排去泵内的空气约几秒钟，等喷出的水有压力后，就可进行正常的清洗程序了。

注意：供水一定要干净、无杂质。进水管下一定要安装过滤网，以免杂质进入泵内；清洗停顿或结束时，一定要及时关闭电源，以免让工作泵空转，否则的话，很容易加速工作泵内运动部件的磨损。操纵时喷头禁止向人。

大理石晶面处理机：

1. 使用多功能石材翻新机配合红色百洁垫，将石材晶硬剂配合等量的水均匀地洒在地面上转磨，刷机应横向抛磨，来回约 12—16 次。

2. 待石材翻新机打磨好以后，换上红色百洁垫，喷上少量的石材保养剂重新抛磨，加大大理石晶面硬度和光泽度。

注意：操作中不要用黑色起蜡垫抛磨。清洗时不要用洗地刷清洗，而要用红色、白色百洁垫清洗，地刷硬度较大易磨损地面，造成地面光洁度差。

8.3.3.6 房间物品摆放标准

房间	
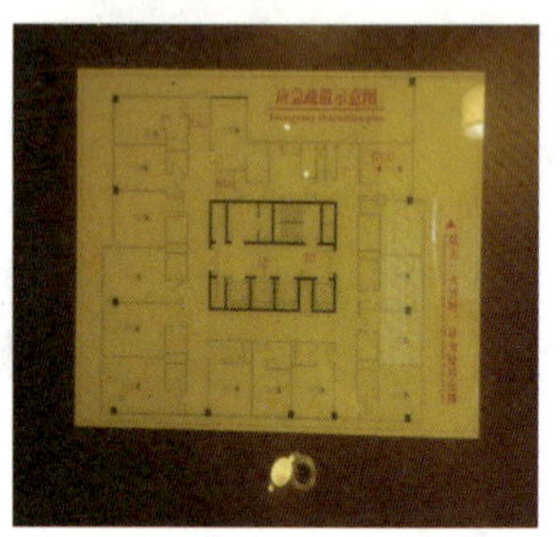 逃生疏散示意图应贴于门背后显著位置	 提示牌应放置于门内把手处
 床的枕头要摆放在床头居中位置并且饱满、挺括；被套反折约 30 厘米。（标间要注意反折线在同一直线上）	 床头柜上电话、台卡、床铺环保卡摆于同一直线上，遥控套与小便签夹紧居其下方
 拖鞋摆放在床头柜下方的两侧，擦鞋布摆放在中间	 灭火器和防毒面罩应放置于行李架等显著位置

（续表）

<table>
<tr><th colspan="2">房间</th></tr>
<tr><td>
双耳托盘与墙面距离四指宽</td><td>
服务指南放于书桌上明显位置</td></tr>
<tr><td>
与墙角对齐，灯罩接缝处朝墙面</td><td>
落地灯电线压在灯座下</td></tr>
</table>

卫生间	
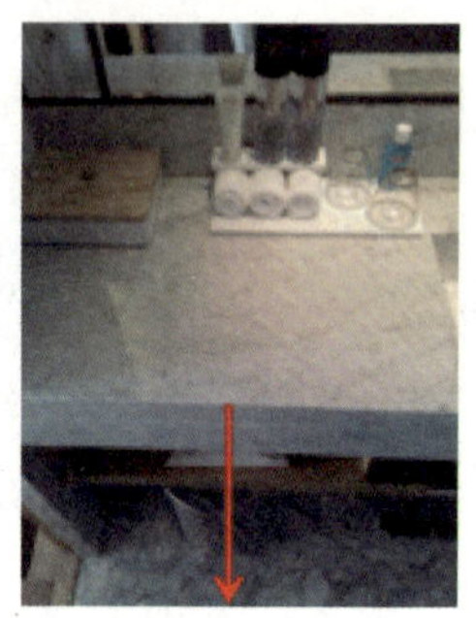 居中摆放，上下一条线	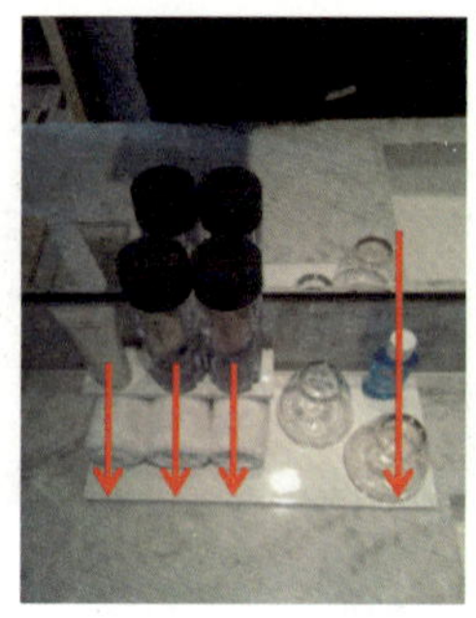 皂碟与面盆呈 45°
 方巾托位于水龙头左侧 10 厘米左右	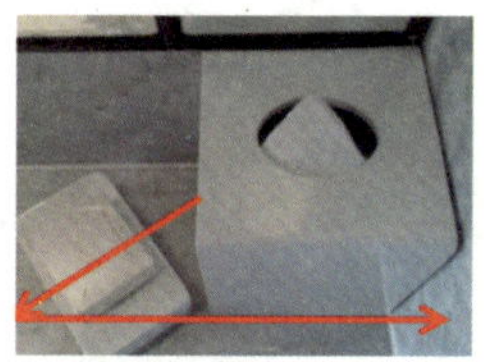 皂碟与面盆呈 45°
 一次性洗漱用品按从前到后的顺序摆放	 西装衣架放左边；裙架、衬衣架放右边和浴袍等
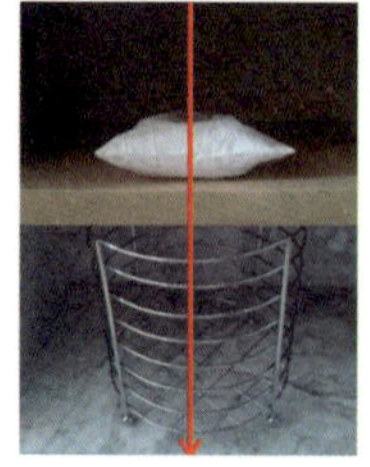 吹风筒放置在洗漱台下方居中	 地巾放在在浴门的把手处（Logo 朝外）

（续表）

卫生间	
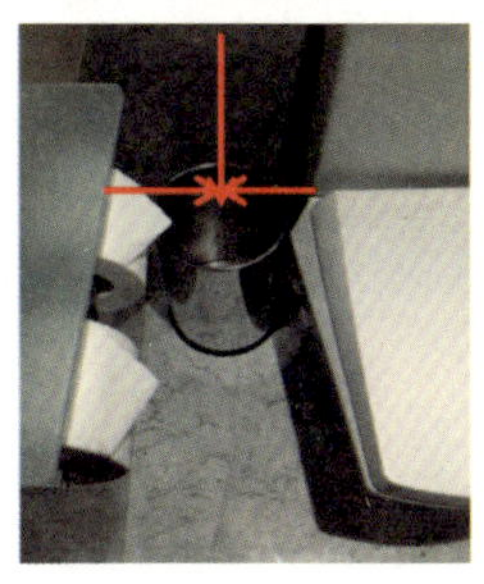 卫生间垃圾桶位于卷纸架的下方；卫生袋摆放在卷纸架的正上方	 浴巾、面巾摆放在毛巾架上，缝隙与地巾在同一条直线（Logo 朝外）
 沐浴露（左）与洗发水（右）并列于皂架上	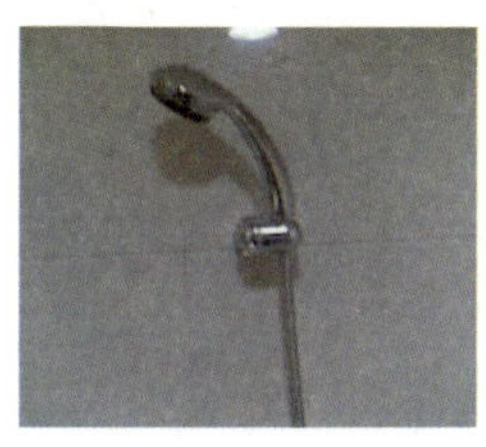 淋浴喷头花洒统一朝左摆放
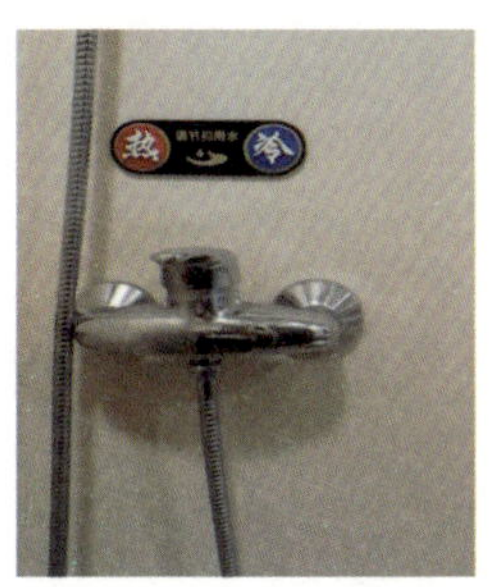 淋浴开关摆放居中	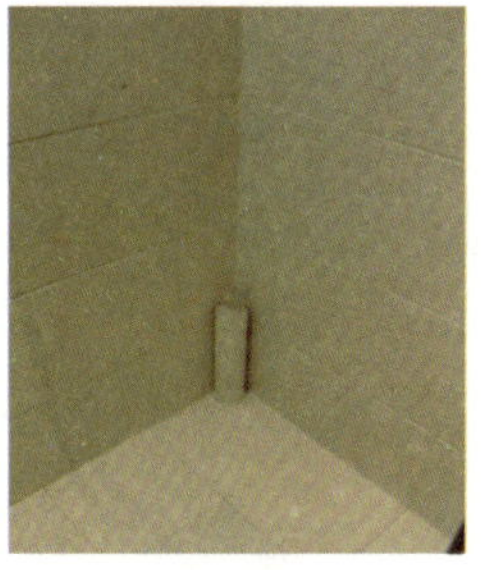 防滑垫与淋浴架呈对称状（注意：防滑垫统一正面卷起放置）

8.3.4 其他工作要求及工作忌讳

无。